U0122934

焦氏易林

校宋本重雕

吳門黃
氏藏版

刻易林序

廣圻十六七歲時從游於長洲張白華師假館程子念鞠家鄙

性不耽尚時藝每問師讀古書之法師指誨靡倦念鞠旣同門

而頗蓄書甚相得也先是念鞠有陸敕先手校本易林在師所

枚芟漫士吳君借而失去廣圻後聞其事恨不一見多方搜訪

久之遂獲表君綬階以枚芟所臨及餘姚盧抱經學士所臨等

本相示最後陸本歸黃君蕘圃取勘一過良多是正乙丑冬客

江寧黃蕘圃以札來告將謀付刊去冬返及里門則蕘然在目焉

而屬圻其簡首回憶初知有是書之日倏忽二十五六寒暑曾

不一瞬唯師頤德弗營精神巋然而念鞠以薄宦遠化於外廣

圻亦復行年四十有三久見二毛矣方思悉數吾吳人物源淵

典籍流派所聞所見加以筆記存諸敝篋示我見曹秬傳文獻

之信而莢圖刻是書顚末乃可爲其中一事者也敢即舉而書

之嘉慶十三年歲在戊辰春正月下旬元和顧廣圻

刻陸敕先校宋本焦氏易林序

世所行諸刻易林悉出自明內閣本成化癸巳彭華題後可證

也分上下經爲卷或又析之作四卷而其譌舛不可卒讀則盡

同近好事者多傳臨陸敕先校宋本文句碩異實視諸刻遠勝

往歲陸手勘者歸予家績又收葉石君校本取以參驗先所傳

臨竟有稍益失真處故付之刻凡陸勘而誤必存其真雖可知

刻所附而陸勘未及者蓋皆非出於宋本概不載入陸僅就嘉

當爲其字者終不輒以改竄亦猶予向日刻他書之意耳其諸

靖四年所刻以勘而記於上方云卷次非宋本考季滄葦延令

宋板書目焦氏易林十六卷八本未知其爲即校宋本之祖抑

板同而又有一部然分卷十六確鑿可信尚與隋志數合又嘗

見一別本乃如此今特據之實每卷四卦也延令藏書散失流

轉子得之頗不少此書當仍在天壤閒安能一旦再出使所謂

全注並傳且行欵偏旁均復舊觀必將為陸勘助掃落葉豈不

更快識於此冀我二三同志搜訪之云

嘉慶十三年閏五月十日黃丕烈書

焦氏易林卷第一

乾之第一

乾　道陟石阪胡言連蹇譯瘖且聾莫使道通謂謁不行求事無功

坤　招殃來螫害我邦國病在手足不得安息

屯　陽孤亢極多所恨惑車傾蓋亡身常憂惶乃得其願雌雄相從

蒙　鵲鵑鳴鳩專一無尤君子是則長受嘉福

需　目瞤足動喜如其願舉家蒙寵

訟　罷馬上山絕無水泉嘆焦脣乾舌不能言

師　倉盈庾億宜稼黍稷國家富有人民蕃息　與比之升坤之恒同

比　中夜狗吠盜在牆外神明祐助銷散皆去

乾

小畜　据斗運樞順天無憂與樂並居

履　空拳握手倒地更起富饒豐衍快樂無已

泰　不風不雨白日皎皎宜出驅馳通理大道　與坤同

否　載日晶光驂駕六龍祿命徹天封為燕王

同人　子號索哺母行求食反見空巢誉我長息

大有　上帝之生福祐日成脩德行惠樂安且寧

謙　山險難登澗中多石車馳軼擊載重傷軸儋負善躓跌蹉
　　右足

豫　禹鑿龍門通利水源東注滄海民得安存

隨　乘龍上天兩蛇為輔湧躍雲中遊觀滄海安樂長處

蠱　彭祖九子據德不殆南山松栢長受嘉福

臨　南山昊天刺政關身疾悲無辜背憎為仇

觀 江河淮海天之奧府眾利所聚可以饒有樂我君子百福

是受

噬嗑 堅氷黃鳥啼哀悲愁不見廿粒但觀藜蒿數驚摯鳥爲我

心憂

賁 室如懸罄既危且殆早見之士依山谷處

剝 大禹式路蚩尤除道周匝萬里不危不殆見其所使無所

不在

復 三人爲旅俱歸北海入門上堂拜謁王母勞賜我酒

無妄傳言相誤非千徑路鳴鼓逐狐不知迹處

大畜 三羊爭雌相逐奔馳終日不食精氣勞疲

顧 純服黃裳戴上與興德義既生天下歸仁

大過 桀跖並處人民愁苦擁兵荷糧戰於齊魯

坎　黃鳥采葉既嫁不荅念我父兄思復邦國

胎生孚乳長息成就充滿帝室家國昌富

離　東山西岳會合俱食百家送從以成恩福

咸　三人求橘反得卅穴女貴以富黃金百鎰

恆　弱雞無距與鵲交鬭翅折目盲為鳩所傷

遯　以斃

大壯　隙大牆壞蠹眾木折狼虎為政天降罪罰高弒堂夷胡亥

晉　三癡俱走迷路失道惑不知歸反入患口

明夷　弓矢俱張把彈折絃丸發不至道遇害患

家人　三女求夫伺候山隅不見復關長思歎憂

睽　一陽旱炎炎傷害禾穀稼人無食耕夫嘆息

蹇　騎犢逐羊不見所望逕涉虎穴亡羊失羔

易學經典文庫

解　暗昧冥語相傳註誤鬼魅所舍誰知卧處

損　姬姜祥淑二人偶食論仁議福以安王室

益　公孫駕驪載耶東齊延陵說産遺季紵衣

夬　孤竹之墟失婦亡夫傷於蒺藜不見少妻東郭棠姜武氏

以亡

姤　仁政不暴鳳凰來舍四時順節民安其處

萃　任劣力薄屠駑恐怯如蝟見鵲不敢拒格

升　衛侯東遊惑於少姬亡我考妣久迷不來

困　噂噂所言莫如我垣歡喜堅固可以長安　大有之屯

井　獄鶯鳴岐山龜應幽淵男女媾精萬物化生文王以成爲周

開庭

革　玄黃嘔隤行者勞疲役夫憔悴踦時不歸

鼎　弱足刖跟不利出門市賈不利折亡為患

震　懸貓素餐居非其安失與剝廬休坐徒居

艮　民怯城惡姦人所伏冦賊大至入我郭郭妻子俘獲〔為嫦 一本〕
辭　妹

漸　陽低頭陰仰首水為災傷我足進不利難生子

歸妹　背北相憎心意不同如火與金〔艮辭 一本為〕

豐　太微帝室黃帝所宜藩屏周衛不可得入常安無患

旅　爾栗犧牲敬事鬼神神嗜飲食受福多孫

巽　出門逢惡與禍為怨更相擊刺傷我手端

兌　鶠飛中退舉事不進眾人亂潰

渙　跛蹄相隨日暮牛罷陵遲後旅失利亡雌復〔泰之〕

節　龍角博預位至公卿世祿久長起動安寧

中孚 舜升大禹石夷之野徵詣王庭并治水土 師之小畜同

小過 從風放火荻芝俱死三害集房叔子中傷

既濟 梗生荊山命制輸班袍衣剝脫夏熱冬寒飢餓枯槁莫人

莫憐

未濟 長面大鼻來解已憂遺吾福子與我惠妻惠吾嘉喜

坤之第二

坤 不風不雨白日皎皎宜出驅馳通利大道

乾 谷風布氣萬物出生萌庶長養華葉茂成

屯 蒼龍單獨與石相觸摧折兩角室家不足

蒙 城上有鳥自名破家招呼酖毒為國惠災

需 霜降閉戶蟄蟲隱處不見日月與死為伍 小畜之解

訟 天之德室溫仁受福衣裳所在凶惡不起

師　皇陛九重絕不可登未見王公謂天蓋高

比　孔德如玉出於幽谷升高鼓翼輝光照國

小畜五軛四軌復得饒有陳力就列騶虞悅喜

復　四足無角君子所服南征述職以惠我國

泰　雷行相逐無有攸息戰于平陸為夷所覆

否　六龍爭極服在下飾謹慎管鑰結禁毋出

同人長男少女相向共語福祿歡喜

大有奸延惡人使德不通炎火為殃禾穀大傷

謙　修其翰翼隨風向北至虞夏國與舜相得年歲大樂邑無

盜賊

豫　鈆刀攻玉堅不可得盡我筋力眤爾為疾　比之　大過

隨　舉被覆目不見日月衣裳簒盝就長夜室　泰之　臨　同

蠱　賊仁傷德天怒不福斬刘宗社失其邦域

臨　白龍赤虎戰鬥俱怒蚩尤敗走死於魚口

觀　北辰紫宮衣冠立中含和建德常受天福之　需之夫坤
　　　　　　　　　　　　　　　　　　解俱同

噬嗑　稷為堯使西見王母拜請百福賜我善子

賁　三人異趣反覆迷惑一身五心亂無所得

剝　南山大獲盜我媚妾快不敢逐退而獨宿

復　眾鬼所趨反作大怪九身無頭䰡驚亂去不可以居

無妄　延頭遠望眛為目疾不見叔姬使伯心憂

大畜　典冊法書藏在蘭臺雖遭亂潰獨不遇災　大有之恒

頤　自衛反魯時不我與氷炭異室仁道隔塞

大過　瘤癭禿疥為身瘡害疾病癃殘常不遠逮

坎　東齊郭盧嫁於洛都俊良美好媒利過倍

易學經典文庫

離　齊魯爭言戰於龍門構怨連禍三世不安人　比之蠱同

比之睽

咸　膏澤肥壤農人豐敵利居長安歷世無患　乾之師

恒　倉盈庾億宜種黍稷年豐歲熟民得安息　比之升

遯　鴟鴞破斧邦人危殆賴其忠德轉禍為福傾危復立

大壯　歲飢無年虐政害民乾溪驪山秦楚結寃

晉　梐潔累累締結難解媒母銜嫁媒不得坐自為身禍

明夷　瞽瞍開門鶴鳴彈冠章甫進用舞韶和鸞三人翼事國無

災患

家人　弟妹合居與類相扶願慕群醜不離其處

睽　邯鄲反言兄弟生患涉叔憂恨卒死不還

蹇　三人逐兔各爭有得愛亡善走多獲鹿子　坤之觀

需之解

解　北辰紫宮衣冠立中含和建德常受天福

16

損　一拜跪請免不得其哺倪首銜枚低頭比去

益　鶴盜我珠逃於東隅求之郭墟不見所居

夬　一簧兩舌妄言謬語三姦成虎曾母投杼

姤　孤獨特處莫與為旅身日勞苦使布五谷陰陽順序

萃　寨衣涉河澗流浚多賴遇舟子濟脫無他

升　憑河登山道路阻難求事少便

困　兔置之容不失其恭和謙致樂君子攸同　　明夷

井　三女求夫伺候山隅不見復關涕泣漣如　　需之訟

革　蝗蟲為賊害我五穀中窶空虛家無所食　　需之姤

鼎　望尚阿衡太宰國公藩屏輔弼福祿來同

震　三年生狗以戌為母荊夷上侵姬伯出走　　否之姤

艮　塗遏道塞求事不得

漸　探懷得蚤無有凶憂所願失道善居漸好

歸妹飛樓屬道趾多攬垣居之不安覆厭為患

豐　義不勝情以欲自傾幾危利寵折角摧頭

旅　潼滃蔚薈扶首來會津液來降流淹滂霈

巽　白駒生芻猗猗盛姝赫喧君子樂以忘憂

兌　車馳人趨卷甲相仇齊魯寇戰敗於犬上

渙　舉首望城不見子貞使我悔生

節　龍闘時門失理傷賢內畔外賊則生禍難

中孚安如泰山福喜屢臻雖有豺虎不致危身

小過初憂後喜與福為市八佾列陳飲御嘉友 _{訟之坎}

既濟持刀操肉對酒不食夫行從軍小子入獄抱膝獨宿

未濟陰衰老極陽建其德履齱戴光天下昭明功業不長蝦蟆

代王　吾之无妄　大有之臨

屯之第三

屯　兵征大宛北出玉關與胡寇戰平城道西七日絕糧身幾

不全

乾　汎汎栢舟流行不休耿耿寤寐心懷大憂仁不逢時復隱

窮居

坤　採薪得麟大命隕顛豪雄爭名天下四分　豫之未濟

蒙　山崩谷絕天福盡竭涇渭失紀玉靡盡已

需　夏臺羑里湯文所厄鬼侯俞鮨商王解舍

訟　泥津汙辱棄捐溝瀆所共笑哭終不顯錄

師　李梅冬實國多盜賊擾亂並作君不能息　同人之損

比　獐鹿逐牧飽歸其居反還次舍無有疾故　訟之小畜

屯

小畜　夾河為婚期至無船淫心失望不見所歡

履　百足俱行相輔為強三聖翼事王室寵光　比之　无妄

泰　坐位失處不能自居賊破王邑陰陽顛倒

否　登几上輿駕駟南遊合從散橫燕齊以強

同人　三孫荷弩無益於輔城弱不守邦君受討

大有　河伯大呼津不得渡船空無人往來亦難　大過之

謙　甘露醴泉太平機關仁德感應歲樂民安　未濟

豫　重茵厚席循皋採藿雖躓不懼反復其宅　需之比　否　大壯

隨　太乙駕驪從天上來徵我叔季封為魯侯之　否

蠱　南巴六安石解戟天所指不巳耆老復丁弊室舊墟更為

新家

臨　家給人足頌聲並作四夷賓伏干戈韜闔　一作　觀卦

觀
東隣嫁女爲王妃后莊公築館以尊王母歸于京師季姜

悅喜　一作臨卦
否之旣濟

噬嗑陳妻敬仲兆興齊姜營上是適八世大昌
始之師
比之豫

貫
路多枳棘步刺我足不利旅客爲心作毒
損卦
同

天官列宿五神共舍宮關光堅君安其居

剝
牧羊稻園聞虎呻喧懼畏惕息終無禍患
否之節

復
無妄鳴條之圖北奔犬胡左衽爲長國號匈奴主君旄頭立尊

單于
大畜尅身潔已逢禹巡狩錫我玉女珪拜受福佑

顧
冬華不實國多盜賊疾病難醫酉鬼哭其室

大過襄送季女至于蕩道齊子旦夕留連久處

坎
朽根倒樹花葉落去卒逢火焱隨風偃仆

解	蹇	睽	大福	家人	明夷	晉	大壯	遯	恒	咸	離
山陵上墓鬼魅失舍精神盡竭長寢不覺	為季求婦家在東海水長無船不見所歡	伯蹇叔盲莫與守牀失我衣裘伐民除鄉		崔嵬北獄天神貴客溫仁正直主布恩德開衣不巳蒙受	薰室蜂戶螫我手足不可進取為身害速 復之 泰	鳥鳴嘻嘻天火將起燔我室屋災及姬后	冬採薇蘭地凍堅圻走室比暮無所得	江河海澤眾利安宅可以富有飲御嘉客	多載重負捐棄于野予母誰子但自勞苦	炎絕續光火滅復明簡易理得以成乾功	陰變為陽女化作男治道得通君臣相承

損　蹄牛失角下山傷軸失其利祿

益　水戴船舟無根以浮往來溶溶心勞且憂

夬　有鳥來飛集于古樹鳴聲可惡主將出去

姤　東徙不時觸患離憂井泥無濡思叔舊屋

萃　黃帝所生伏羲之宇兵刃不至利以屈止　家人

升　東山救亂處婦思夫勞我君子役無休巳　履之

困　跛躓未起先利後市不得鹿子

井　大蛇當路使季畏懼湯火之災切近我膚賴其天幸趨於
　　王盧　此　損之

革　從容長間遊戲南山拜祠禱神使神無患　一作震卦

鼎　區脫康居慕義入朝湛露之歡三爵畢恩復歸野盧與母
　　相扶

震　龜鱉列市河海饒有長錢善價商李悅喜 一作革卦

艮　年常蒙慶今歲受福三夫採范出必有得

漸　二人俱東道路爭訟意乖不同使君惱惱

歸妹　樹我藿豆鹿兎爲食君不恤護秋無收入

豐　黃鳥悲鳴愁不見星困於鷙鳥鸇使我驚

旅　雙鳧俱飛欲歸稻食經涉萑澤爲矢所射傷我脅臆 晉之否

巽　久客無依思歸我鄉雷雨盛溢道未得通

兌　道路辟除南至東遼衛子善辭使國無憂

渙　同枕同袍中年相知少貫無失獨居愁思

節　眾神集眾相與議語南國虐亂百姓愁苦興師征討更立

賢主 之豫 小畜

中孚　北陸閉蟄隱伏不出目盲耳聾道路不通

易學經典文庫

小過　痴狂妄作心誆惑迷行失路不知南北

既濟　棟隆輔強寵貴日光福善並作樂以高明

未濟　愛我嬰女牽衣不與冀幸高貴反曰賤下

蒙之第四

蒙　何草不黃至未盡玄室家分離悲愁於心

乾　海為水王聰聖且明百流歸德無有叛逆常饒優足 損之 履

坤　天之所有禍不過家左輔右弼金玉滿堂常盈不亡富如

敖倉

屯　安息康居異國穹廬非吾習俗使我心憂

需　范公鷗夷善賈飾資東之營上易字子皮把珠載金多得

訟　老楊日衰條多枯枝爵級不進遂下摧隤 泰之 咸

利歸

師　小狐渡水污濡其尾利得無幾與道合契

比　豕生魚魴鼠舞庭堂奸佞施毒上下昏荒君失其國

訟之

小畜　天地配享六位光明陰陽順序以成和平

震

履　踝踵足傷右指病癘失旅後時利走不來

泰　異體殊患各有所屬西隣孤媼欲寄我室王母罵詈求不

否　可得

否　操耜鄉畮折貨稷泰飲食充口安利無咎

同人　所受大喜福祿重來樂且日富蒙慶得財

大有　舉盃飲酒無益溫寒指直失取亡利不懼

謙　日月相望光明盛昌三聖茂承功德大隆

師之節
否之賁

豫　猾夫爭強民去其鄉公孫叔子戰於瀟湘

隨　猨墮高木不踤手足還歸其室保我金玉

否之臨益之
豫訟之艮

蠱　逐狐東山水過我前深不可涉失利後便

臨、鑿井求玉非卜氏寶名困身辱勞無所得

觀　黃玉溫厚君子所服甘露溽暑萬物生茂

噬嗑畫龍頭頸文章不成甘言善語說辭無名

賁　招禍致凶來弊我邦病在手足不得安息

復　獐鹿雉兔羣聚東圉盧黃白眷俱往趨逐九斷十得君子

剝　履位乘勢羸有絕綴皆為隸圉與眾庶伍

有喜

所據

無妄纖金未成緯畫一無名長子逐兔鹿起失路後利不得困無

大畜天猒周德命與仁國以禮靖民兵革休息

頤、重譯賀芝來除我憂善說遂良與喜相求

大過　膏澤肥壤人民孔樂宜利俱止長安富貴

坎　白龍黑虎起鬐暴怒戰於涿鹿蚩尤敗走居止不殆君安

其所益所在　同人之比　益之比

離　抱關傳語聾跛攦殆眾賤無下災殃所在

咸　憂禍解除喜至慶來坐立歡門與樂爲鄰之井　小畜

恒　折鋒載父興馬放休狩軍依營天下安寧

遯　至德之君仁政且溫伊呂股肱國富民安

大壯　千里望城不見山青老兔蝦蟆遠絕無家

晉　有莘季女爲夏妃后貴夫壽子母字四海

明夷　不虞之患禍至無門奄忽暴卒痛傷我心

家人　飛鷹退去不食隣鳥憂患解除君主安居

睽　踕蹉側跌申酉爲祟亥戌滅明顏子隱藏

寒　司錄憑怒謀議無道商民失政殷人乏祀

解　望鷄得雉冀馬獲駒大德生少有瘳從居

損　忉忉怛怛如將不活黍稷之恩靈報以存

益　莫莫輯輯夜作畫匿謀議我資來攻我室空盡我財幾無以食

夬　天之所壞不可強支衆口指笑雖貴必危

姤　目動睫瞤喜來加身舉家蒙歡吉利無殃

萃　黿羹炙香染指弗嘗口飢於手子公恨饞

升　天福所豐兆如飛龍成子得志六三以興

困　岷伯以婚抱布自媒棄禮急情卒罹悔憂

震　夏姬親附心聽悅喜利以搏取無言不許

艮　南山昊天刺政閔身疾悲無辜背憎爲仇

井　三人爲旅俱歸北海入門上堂拜謁王母勞賜我酒懽樂
無彊

革　懲淫旱疾傷害稼襃制病來農人無食

鼎　攪飯把肉以就口食所往必得無有虛乏

漸　鳥飛無翼兔走折足雖欲會同未得所欲

歸妹　體重飛難不得踰關不離室垣

豐　四雄並處人民愁苦擁兵西東不得安所

旅　譯重關牢求解已憂心感乃成與喜俱居

巽　患解憂除王母相於與喜俱來使我安居

兌　冬生不華老女無家霜冷蓬室更爲枯株

渙　震慄恐懼多所畏惡行道留難不可以步

節　三人共妻莫適爲雌子無名氏公不可知

中孚早凋被霜花葉不長非時為災家受其殃

小過雄兔之東狼虎所從貪叨凶惡不可止息

既濟馬驚破車主墮深溝身死寇去離其室廬

未濟山林麓藪非人所往鳥獸無禮使我心苦

焦氏易林卷第一

宋本焦氏易林（吳門黃氏士禮居十六卷本）

焦氏易林卷第二

需之第五

需　久旱三年草木不生粢盛空乏無以供靈

乾　火滅復息君明其德仁人可遇身受利福

坤　溫山松栢常茂不落鸞鳳以庇得其歡樂　恒

屯　西誅不服恃強負力倍道趨敵師徒敗覆　益之／同人

蒙　三塗五岳陽城太室神明所伏獨無兵革

訟　二牛生狗以戌為母荊夷上侵姬伯出走　坤之震／坤之姤

師　鳧遊江海役行千里以為死亡復見空素長主凶憂

比　太乙駕騮從天上來徵君叔季封為魯侯無有凶憂　屯之／隨否

　　之大壯

小畜　絺績獨居寡處無夫陰陽失志為人僕使

履　兵征大宛北出玉門與胡寇戰平城道西七日絕粮身幾

不全　與屯同

泰　楚靈暴虐罷極民力禍起乾溪棄疾作毒扶伏奔逃身死

亥室

否　雌單獨居歸其本巢毛羽憔悴志如死灰

同人　兩矛相刺勇力鈞敵交綏結和不破不缺

大有　乘船渡濟載水逢火賴幸免禍蒙我生全

謙　喪寵溢尤政傾家覆我宗失國秦滅周室

豫　冬無藏冰春陽不通陰流為賊國被其殃

隨　田鼠野雞意常欲逃拘制籠檻不得動搖

蠱　佩玉蘂兮無所繫之旨酒一盛莫與笑語孤寡獨特常愁

憂苦

易學經典文庫　校宋本刊

臨　没游源口求鮫爲寶家危自懼復出生道

觀　河水孔穴壞敗我室水深無岸魚鱉傾側

噬嗑　教羊牧兔使魚捕鼠任非其人費日無功

賁　升戶入室就溫燠食氷凍北陸不能相賊

剝　孤竹之墟老婦无夫傷於蒺藜不見少妻東郭堂姜武氏

破亡夾
乾之

復　凶禍災殃日益明彰福不可量三郤夷傷

無妄　載璧秉珪請命于河周公作誓沖人瘳愈

大畜　鳥升鵲舉照臨東海龍降庭堅爲陶叔後封斨英六復祿

綏厚順同
謙之

順　危坐至暮請求不得膏澤不降政戾民惑

大過　宜昌聚娵東家歌舞宴樂有序長樂嘉喜

坎

鑿井求玉非卜氏寶名困身厚勞無所得 蒙之

臨

離

　鵲思其雄欲隨鳳東順理羽翼出次須日中留此邑復反

其室

咸

早霜晚雪傷害禾麥損功棄力飢無所食 比之

遯

恒

蝙螺生子深目黑醜蛾飾相就眾人莫取

遯

去如飛鴻避凶且東遂得全脫與福相逢

大壯

婚姻合配同枕共牢以降休嘉子孫封侯

晉

咸陽辰巳長安戌亥上陵生止非魚鰌市不可辭阻終無

悔咎

明夷

螟蝥為賊害我五穀簞食空虛家無所食 坤之

革

家人

謀恩拜德東歸吾國慷慨宴笑歡樂有福

睽

齋具瀆狸不聽我辭係於虎鬚牽不得來 革

否之

蹇　比目附翼　歡樂相得　行止集周　終不離忒

解　一指食肉　口無所得　染其鼎鬴　舌饞於腹

損　曳綸江海　釣挂魴鯉　王孫得利　以享仲友

益　商紂牧野　顛敗所在　賦斂重數　黎元愁苦　坤之觀

夬　北辰紫宮　衣冠立中　含和建德　常受天福　履之需

姤　輕戰尚勇　不知兵權　為敵所制　從師北奔

萃　大口宣舌　神使仲言　黃龍景星　出應德門　與福上天　天下

安昌　大有之蠱

升　凶子禍孫　把劍向門　凶訟謹囂　驚駭我家　爭訟　一作

困　祝伯善言　能事鬼神　辭祈萬歲　使君延年

井　珪璧琮璋　執贄見王　百里窜戚　應聘齊秦　否之訟

革　昧旦乘車　履危蹈溝　亡失裙襦　摧折兩軸

鼎　膠着木連不出牛欄斯饕羔羊家室相安

震　卷領遁世仁德不舍三聖仪同周家茂興

艮　黍稷苗稻垂秀方造中旱不雨傷風枯槁

漸　冠帶南遊與福喜逢期於嘉貞拜為公卿

歸妹　一巢九子同公共母柔順利貞出入不殆福祿所在

豐　韓氏長女嫁於東海宜家富主柔順以居利得過倍

旅　因禍受福喜盈我室所願必得

巽　能愈

晉　平有疾迎醫秦國病乃大患分為兩豎逃匿膏盲和不

兌　杜飛門啓患憂大解脩福行善不為身禍 同人之夫

渙　追亡逐北至止而得稚叔相呼反其室廬

節　鳥鳴既端一呼三顛動搖東西危慄不安疾病無恙

易學經典文庫

中孚　龍化為虎泰山之陽眾多從者莫敢救藏

小過　焱風忽起車馳揭揭棄名追亡失其和節憂心惙惙

既濟　遊居石門祿安身全受福西隣嫗飲玉泉

未濟　登高上山見王自言申理我讒得職蒙恩　此之未濟同

訟之第六

訟　其父干戈乃止

訟　文巧俗弊將反大質僵死如麻流血濡梱皆知其母不識

乾　文王四乳仁愛篤厚子畜十男夭折無有

坤　日入望東不見子家長女無夫左手搔頭

屯　東上泰山見堯自言申理我寃以解憂患

蒙　奎軫溫湯過角宿房宣時布和無所不通

需　引船牽頭蜷拘無憂王母善禱禍不成災

宋本焦氏易林（吳門黃氏士禮居十六卷本）

師　鳧得水没喜笑自啄毛羽悦澤利以攻玉公出不復伯氏

客宿

比　水流趨下欲至東海求我所有買鮎與鯉

小畜　獐鹿逐牧安飽其居反還次舍無有疾故　比　屯之

履　樹植藿豆不得芸鋤王事靡盬秋無所收

泰　弱水之西有西王母生不知死與天相保

否　數窮廓落困於歷室卒登玉堂與堯侑食

同人　子鉏執麟春秋作元陰聖將終尼父悲心

大有　尹氏伯奇父子生離無罪被辜長舌所為

謙　播木折枝與母別離九皐難扣絕不相知

豫　弱難無距與鵲格鬥翅折目盲為鳩所傷

隨　甲乙丙丁俱歸我庭三丑六子入門見母

蠱　桑葉蟲蠧衣弊如絡女工不成絲布爲玉

臨　開牢關門巡狩釋冤夏臺姜里湯文悅喜

觀　欽明之德坐前玉食必保嘉美長受安福

噬嗑　武夫司空多口爭訟金火當戶民不安處年飢無有

賁　紫閣九重尊嚴在中黃帝堯舜履行至公冠帶垂衣天下

剝　負牛上山力劣行難烈風雨雪遮遏我前中道復還憂者

康寧

復　寒兔缺唇行難齒寒口痛不言爲身生患

自歡

無妄　合體比翼嘉耦相得與君同好使我有福

大畜　口啄卒卒憂從中出喪我寶貝妻妾失位

顛　兩心不同或從西東明論終日莫適相從

大過　噎噎笑言與善飲食長樂行觴千秋起舞拜受大福

坎　初憂後喜與福爲市八佾列陳飲御諸友　坤之小過

離　西徙無家破其新車王孫失利不如止居

咸　鳳凰在左麒麟處右仁聖相遇伊呂集聚時無殃咎福爲

我母

恒　區脫康居慕仁入朝湛露之歡三爵畢恩復歸舊廬　否之坎

遯　疾貧望幸使伯行販關牢擇羊多得大牂

大壯　處高不傷雛危不亡握珠懷玉還歸其鄉

晉　右手秉酒左手牧羊行逢禮御餌得玉杯

明夷　養虎牧狼還自賊傷大勇小捷雛危不亡

家人　戴堯扶禹松喬彭祖西遇王母道路夷易無敢難者　損之離師

離之

易學經典文庫

睽　秋冬探巢不得鵲鷃銜指北去媿我少姬

蹇　兩羝三牂俱之代鄉留連多難損其食糧

解　南徙無廬鳥破其巢伐木思初不利動搖

損　爭訟不已更相擊劍張季弱口被髮北走

益　延頸望酒不入我口初喜後否得利無有萃 履之

姤　麟鳳所遊安樂無憂君子撫民世代千秋

夬　被髮傾走冠逐我後亡失刀兵身全不傷

萃　褰衣涉河水深漬罷賴幸舟子濟脫無他

升　憒憒不悅憂從中出喪我金璽無妄失位

困　絆跳不遠心與言反尼父望家莒薋未華

井　大壯肥犆惠我諸舅內外和睦不憂飢渴

革　黃帝建元文德在身祿若陽春封為魯君

鼎　虎聚摩牙以待豚猪往必傷亡宜利止居

震　天地配享六位光明陰陽順序以成和平　小畜之

艮　猿墜高木不踤手足保我金玉還歸其室　蒙之履

漸　營室紫宮堅不可攻明神建德君受大福

歸妹　孤翁寡婦獨宿悲苦目張耳鳴無與笑語　歸妹之履

豐　低頭窺視有所畏避行者不利酒酸魚敗眾莫貪嗜

旅　載金販狗利棄我走藏匿淵底悔折為咎

巽　行觸大忌與司命悟執四束縛拘制於吏　中孚之震

兌　執玉歡喜佩之解攣危詳及安使我無患

渙　機杼紛擾女功不成長妹許嫁衣無襦袴聞禍不成凶惡

節　消去　金人鐵距火燒左右雖懼不恐獨得全處

中孚　謝恩拜德東歸吾國舞蹈欣躍歡樂受福

小過　青牛白咽呼我俱田歷山之下可以多耕歲樂時節民人

安寧

未濟　避患東西反入禍門糟糠不足憂愁我心

既濟　白雄羣雌慕德朝貢湛露之恩使我得懽

師之第七

師　烏鳴呼子哺以酒脯高樓之處子來歸母穉人成功年歲

大有　妬婦無子

乾　一簧兩舌佞言諂語三姦成市曾母投杼

坤　春桃生花季女宜家受福且多在師中吉男為封君

屯　殊類異路心不相慕牝牛牡猴獨無室家

蒙　折葉蔽目不見稚叔三足孤烏遠其元夫

需　雀東求粒誤入罔域賴逢君子脫復歸息

訟　王孫季子相與孝友明允篤誠升擢薦舉為國幹輔

比　削樹無枝與子分離飢寒莫食獨泣哀悲

小畜　舜升大禹石夷之野徵詣玉闕拜理水土

履　義不勝情以欲自營見利危寵滅君令名

泰　三人北行六位光明道逢淑女與我驪子

否　羿張烏號彀射天狼柱國雄勇鬭死滎陽

同人　季姬踟躕結衿待時終日至暮百兩不來

大有　鴻鴈翩翩始怨勞苦災疫病民鰥寡愁憂

謙　穿窬狗邪僵離旁春天地易紀日月更始

豫　北山有棗使叔壽考東嶺多栗宜行賈市陸梁雌雉所至

利喜

易學經典文庫

隨　干旄旌旗撫幟在郊雖有寶玉无路致之

蠱

蒙恩

精潔淵塞為讒所言證訊詰請繫於枳溫甘棠聽斷怡然

臨　玄黃虺隤行者勞罷役夫憔悴踰時不歸

觀　膚敏之德發憤忘食虜豹禽說以成主德作雝〔禽一作雝〕

噬嗑　采唐沫鄉要我桑中失信不會憂思約帶

賁　伯寧予福惠我邦國蠲除苛殘使季無患

剝　讒父佞雄賊亂邦國生雖忠孝敗恩不福

復　淵泉隄防水道通利順注湖海邦國富有

無妄　江南多蝮螫我手足宽繁詰屈痛徹心腹

大畜　三人俱行別離獨食一身五心反覆迷惑亂無所得

順　鴉鳴庭中以戒災凶重門擊柝備不速客

大過　功成事就拱手安居立德有言坐飾貢賦

坎　國亂不安兵革爲患掠我妻子家中飢寒

離　戴堯扶禹從喬彭祖西遇王母道路夷易無敢難者

咸　長尾委蛇畫地成河深不可涉絕無以比惆悵會息

恒　乘龍從蜿詣比闕乃見宣室拜守東城鎮慰黎元舉家

蒙福

遯　土與山連終身無患天地高明萬歲長安

晉　依天倚地凶危不至上清下淨受福大明君受其利

大壯　火旱水涸枯槁無澤虛修其德未有所獲

明夷　火烈不去必殭僵什燔我衣裾福不可悔

家人　配合相迎利之四鄉欣喜興釋所言得當

睽　清人高子久屯外野道遙不歸思我慈母

蹇　武庫軍府甲兵所聚非里邑居不可舍止

解　三德五才和合四時陰陽順序國無咎災

損　解衣毛羽飛入大都晨門戒守鄭忽失家

益　削根燒株不生肌膚病在心腹日以燋枯

夬　文山紫芝雍梁朱草生長和氣福祿來處

姤　多載重員捐弃于野子毋誰子但自勞苦

萃　鳧雁啞啞以水為家雌雄相和心志娛樂得其歡欲

升　耳目盲聾所言不通佇立以泣事無成功

困　天宮列宿五神所舍宮闕堅固君安其居

井　范子妙材戮辱傷脣然後相國封為應侯

革　秋冬探巢不得鵲雛銜指比去憼我少夫

鼎　子畏於匡厄困陳蔡德行不危竟脫厄害

震　鴻飛在陸公出不復仲氏任止伯氏客宿　　乾之中孚

艮　鶴鳴九皐避世隱居抱朴守真竟不隨時　　師之小畜

漸　舜升大禹石夷之野徵詣玉關拜治水土　　師之坤

歸妹　左輔右弼金玉滿匱常盈不亡富如廒倉　　蒙之坤下四句同

豐　崔嵬北岳天神貴客衣冠不已蒙被恩德

旅　空槽注猪獝姬不到張弓祝雞雄父飛去

巽　胡蠻戎狄大陰所積涸冰凍寒君子不存

兌　甘露醴泉太平機關仁德感應歲樂民安　　屯之謙

渙　惡來呼伯慎驚外客甲守閉宅以備凶急臨折之憂將滅

節　日月相望光明盛昌三聖戊功仁德大隆　　蒙之謙　否之賁

無災

中孚　蔦藟蒙棘華不得實讒使亂政使恩壅塞

小過　隣不我顧而望玉女身多癩疾誰肯婿者

既濟　精誠所在神為之輔德教尚忠彌世長久三聖尚功多受

福祉
未濟　鑽木取火掘地索泉主母飢渴手為心禍

比之第八

比　鹿得美草鳴呼其友九族和睦不憂飢乏長子入獄霜降

族哭　同人之蹇
益之恒

乾　繼祖復宗追明成康光照萬國享世久長

坤　麟子鳳雛生長家國和氣所居康樂無憂邦多聖人

屯　取火流泉釣鱨山顛魚不可得火不肯燃　小畜之屯

蒙　彭生為娛白虎行菑盜堯衣裳椊跙荷兵青禽照火三日

夷傷

需　黍稷醇醴敬奉山宗神嗜飲食甘雨嘉降黎庶蕃殖獨蒙

小畜之離
豫之小過

訟　福祉　李花再實鴻飛降集仁哲權與蔭國受福

師　千歲之墟大國所屠不見子都城空無家

履　奔逃　驪姬譖喜與二嬖謀譖殺恭子賊害忠孝申生以謚重耳

小畜　公子王孫把彈捫丸發輒有得室家饒足

泰　長生無極子孫千億栢柱載青堅固不傾

否　失意懷憂如幽狴牢亡子喪夫附托寄居

同人　仁智隱伏麟不可得龍蛇潛藏虛居堂室

大有　挈絜累累締結難解媒母銜嫁媒不得坐自為身禍

謙　蜩飛墜木不毀頭足保我羽翼復歸其室

豫　陳嬀敬仲兆興齊姜乃適營丘八世大昌　_{姤之師屯}

隨　過時不歸雌雄苦悲徘徊外國與母分離　_{坤之離同人}

蠱　齊魯爭言戰於龍門構怨結禍三世不安　_{之睽謙之咸}

臨　府藏之富王以賑貧捕魚河海苟願多得　_{損之睽之益　人之}

觀　鳴鶴北飛下就稻池鱣鮪鱨鯉衆多饒有一狗獲兩利得

過倍　噬嗑蒼梧鬱林道易利通元龜象齒寶貝南金為吾福功

賁　兩火爭明雌鬭不傷分離且忍全我弟兄　_{泰之}

剝　伯夷叔齊貞廉之師以德防患憂禍不存　_{之乾}

復　季去我東髮櫛如蓬展轉空牀內懷憂傷　_{一本作賁辭}

無妄　百足俱行相輔為強三聖翼事王室寵光

大畜　雍遏隄防水不得行火盛陽光陰蜺伏藏退還其鄉

八二

頤　滕蛇乘龍年歲飢凶民食草蓬

大過　鉛刀攻玉堅不可得盡我筋力脮蠶為候　坤之豫

坎　恒山浦壽高邑所在陰氣下淋洪水不處牢人開戶

離　比目四翼來安我國福善上堂與我同牀人之尢　損之隨同

咸　杜口結舌心中怫鬱去畜患生莫所告寃　否之巽　之井

恒　牽尾不前逆理失臣忠莫往來惠朔以奔

遯　早霜晚雪傷害禾麥損功棄力飢無所食　需之咸

大壯　適戌失期患生無聊懼以發憂發藏閉塞邦國騷愁

晉　昊天白日照臨我國萬民康樂咸賴嘉福

明夷　元吉无咎安寧不殆時行則行勿之有悔

家人　懿公淺愚不深受謀無援失國為狄所賊

睽　城上有烏自號破家呼喚鴆毒為國患災

解　耕石山顛　費種家貧　無聊處作　苗髮不生

蹇　長股喜走　趨步千里　王良嘉言　伯來在道　申見王母

損　二人異路　東趨西步　千里之行　不相知處

益　純服黃裳　載土以興　德義茂生　天下歸仁

夬　五銑鐵頤　倉庫空虛　賈市無盈　與利為仇

姤　登覓崙入天門　過糟上宿　玉泉問惠　觀見仁君

萃　團團白日　為月所食　損上毀下　鄭昭出走

升　倉盈庾億　宜稼黍稷　年歲有息　國家富有　乾之師　坤之恒

困　虎狼結謀　相聚為保　伺何齧牛羊　道絕不通　傷我商人

井　木年摧折　常恐不活　老賴福慶　光榮相輔

革　同載共車　中道分去　喪我元夫　獨為孤苦　隨之　比

鼎　飲酒醉酣　跳躍爭鬪　伯傷叔僵　東家治喪

震　出值凶災逢五赤頭跳言死格扶杖伏聽不敢動搖

艮　狼虎爭強禮義不行兼吞其國齊晉無主之隨　小畜

漸　南國少子方罟美好求我長女薄賤不與反得醜惡後乃

大悔　晉　泰之

歸妹　一身兩頭莫適其軀亂不可治勢為湯漢

豐　李耳彙鵲更相恐怵偃爾以腹不能距格

旅　松柏棟梁相輔為強八哲五教王室康寧

巽　雀行求食暮歸孚乳反其屋室安寧如故

兌　四尾六頭為凶作妖陰不奉陽上失其明

渙　一衣三鬮結縎不便岐道異路日暮不到

節　牙蘗生齒室當啟戶幽人利貞鼓翼起舞

中孚　春鴻飛東以馬質金利得十倍重載歸鄉

小過歡悅以喜子孫俱在守發能忍不見殃咎

未濟登高上山見王自言申理我冤得職蒙恩

既濟精神消落形骸醜惡齲齵頓挫枯槁腐蠹

焦氏易林卷第二

小畜之第九

舉手

小畜　白鳥銜餌鳴呼其子幹枝張翅來從其母伯仲叔季无賀

乾　東遇虎地牛馬奔驚道絕不通南囷無功

坤　子鉏執麟春秋作元陰將以終尼父悲心

屯　取火泉源釣魚山巔魚不可得火不可然 〔比之屯〕

蒙　機關不便不能出言精誠不通為人所冤

需　故室舊廬稍弊且徐不如新巢可治樂居

訟　蝮蛇循流東求大魚預且舉網庖人歌謳

師　鑿山通道南至嘉國周公祝祖襄適荊楚

比　鵲近却縮不見頭目日以困急不能自復

小畜

履　五舌啄難各自有言異國殊俗使心迷惑所求不得

泰　天門開闢牢戶寥廓框愷解脫拘囚縱釋

否　堅冰黃鳥常哀愁悲數驚轙鷟鷖雛為我憂

同人　日走月步趣不同舍夫妻反目主君失居

大有　金牙鐵齒西王母子無有患殃扶舍陟道到來不久

謙　式微式微憂禍相半隔以岩山室家分散

豫　眾神集聚相與議語南國虛亂百姓勞苦興師征伐更立

賢主

隨　虎狼爭食禮義不行兼吞其國齊魯無主　比之

蠱　寄生無根如過浮雲本立不固斯須落去更為枯樹

臨　子啼索哺母行求食反見空巢長息悲弋

觀　駕駟逐狐輪掛荊棘車不結轍公子無得

噬嗑　方啄廣口　仁智聖厚　釋解倒懸　唐國太安

賁　駕福乘喜　來至家國　戴慶南行　離我安居

剥　孔鯉伯魚　比至高奴　木馬金車　駕遊大都　王母送我求牝

無妄　騋牝龍身　日駊三千　南止蒼梧　與福為婚　道里夷易安全

復　字駒
　　三足無頭　不知所之　心狂精傷　莫使為明　不見日光

　　無忘

大畜　辰次降婁　王駕巡時　廣佑施惠　安國無憂

頤　望幸不到　文章未就　王子逐走　馬騎啣傷　昳跡不得昌其

坎　有常

大過　中原有菽　以待饔食　飲御諸友　所求大得

　　亂茅縮酒　靈巫拜禱　神怒不許　瘁愁憂苦

離　李華再實鴻卵降集仁哲以興陰國受福 比之訟謙之小過

咸　源出陵足行於山趾不爲暴害民得安居

恒　客入其門奔走東西童女不織士棄耕畝暴骨千里歲寒

　　無年

遯　天之所子福祿常在以永康寧不憂危殆

大壯　蝗食我稻驅不可去實穗無有但見空藁

晉　牛驥同堂郭氏巳亡國破空虛君奔走逃

明夷　狗無前足陰謀其比爲身賊害何以安息

家人　兩輪自轉南上大阪四馬共輚無有重難與禹笑言鶴鳴

睽　芽蘖生達陽昌於外左手執籥公言錫爵

　　竅穴不離其室

蹇　秋花冬蕚數被嚴霜甲兵當庭萬物不生雄犬夜鳴民擾

大驚

解　霜降閉戶蟄虫隱處不見日月與死爲伍 _{坤之}
爲禍　　　　　　　　　　　　　　　　　需

損　身載百里功加四海爲文開基武立大柱

益　禹作神鼎伯益銜指爾斤高閣憧位獨坐賣庸不售苦困

夬　福祚之家喜至憂除如風兼雨出車入魚

姤　蒼龍隱伏麟鳳遠匿冠來同處未得安息

升　白鶴嘶珠夜食爲明懷安德音身受光榮

萃　旦生夕死名日嬰鬼不可得視

困　行役未已新事復起姬姜勞苦不得休息

井　憂患解除喜至慶來坐立懽忻與樂爲隣 _{蒙之}
　　　　　　　　　　　　　　　　　　咸

革　晨風之翰大舉就溫昧過我邑异無所得

鼎　下田稷黍芳華生齒大雨集降紛澇滿甕

震　君子碌碌烏庇茂木見春百穀心勞願德

艮　折臂跠足不能進酒祠祀闊曠神怒不喜

漸　學靈三年聖且神明光見善祥吉喜福慶鳴鳩飛來告我

　　無憂　飛鳴見善祥
　　　　鴻　一作鹿鳴鴻

歸妹　三婦同夫志不相思心懷不平志常愁悲

豐　中田骨泰以享王母受福千億所求大得

旅　陽火不災喜至慶來降福送喜鼓琴歌謳

兌　陽明不息君無恩德伯氏失利農喪其力

巽　燕雀街茅以生孚乳兄弟六人姣好孝悌各得其願和悅

　　相樂

渙　鶼尾奔奔火中成軍號叔出奔下失其君

節　兩人相距止不同舍夫妻離散衛侯失居

中孚匙為爐虛風吹雲却欲上不得反歸其宅

小過關雎淑女配我君子少妻在門君子嘉喜

既濟慈母赤子饗賜得士夷狄服除以安王家

未濟三足孤烏靈鳴督卹思過罰惡自賊其家

履之第十

履　十烏俱飛羿得九雌雖得淏全且驚不危

乾　東嚮藩垣相與笑言子殷執鞭圉人作患

坤　循河楠舟旁淮東游漁父舉網先得大鯉

屯　輟折輪破馬倚僕卧後旅先宿右足跌蹉

蒙　兩人相絆相與悖戾心不同爭訟怓怓然

需　比辰紫宮衣冠立中含和建德常受天福

需之夬

坤之觀

訟　遊居石門祿身安全受福西隣婦飲玉泉　需之既濟

師　羊腸九縈相推併前止須王孫乃能上天

比　爭訟相倍和氣不處陰陽俱吾穀風母子

泰　蠆室蜂戶螫我手足不得進止為吾害咎　屯之明夷

小畜　郭叔距顗為棘所拘龍額重顙禍不成殃復歸其鄉

否　怒非其怨因拘有遷貪姤腐鼠而呼鴟鳶失反被困

同人　嬰孩求乳母其子黃麀悅喜自樂甘餌

大有　鍼鏤勝服錦繡不成鷹逐雉兔瓜折不得

謙　雨潦集降河梁不通鄰魯閉塞破費市空

豫　封豕溝瀆水潦空谷客止舍宿泥塗至腹處無黍稷

隨　三姦相擾桀跖為交上下騷離隔絕天道

蠱　齊景惑疑為孫子牛嫡庶不明賊孼為患

臨　三羊俱亡走奔南行會暮失跡不知所藏

觀　請伯行賈代山之野夜歷險阻不逢危殆利如澆酒

噬嗑　桑之將落殞其黃葉失勢傾側而無所立

賁　上山求魚入水捕狸市非其婦自令火留　否之　屯

復　天之與隅堯舜所居以存保身為我國家

剝　名成德就項領不試景公耆老尼父逝去

无妄　雎鳩淑女賢聖配偶宜家壽福吉慶長父

大畜　兩人俱爭莫能有定心乖不同訟言起凶

頤　涉伯狗名弃禮誅身不得其道成于夅燕

大過　踰江求橘并得大栗烹羊食肉飲酒歌笑

坎　山險升磵中多石車馳轊擊重傷載軸擔負善蹎跌蹉

右足謙　乾之

離　元利孔福神所子畜般樂無苦得其歡欲

咸　烏鵲食穀張口受哺蒙被恩福長大成就柔順利貞君臣
　　合好

恒　潼溽尉舊膚寸來會津液下降流潦滂沛

遯　路多枳棘步刺我足不利旅客為心作毒同　損卦

大壯　㢱蝮所聚難以居處毒螫痛甚瘡不可愈

晉　麟鳳相隨觀察安危東郭聖人后稷周公共和政令君子
　　攸同利以居止長無憂凶

明夷　築亂不時使民恨憂立祉為笑君危臣騷

家人　黃帝所生伏羲之宅兵刃不至利以居止萃　屯之

睽　雀行求食暮歸屋宿反其室舍安寧無故巽　屯之

蹇　太倉積穀天下饒食陰陽調和年歲時熟

解　竿旄旗旌執幟在郊雖有寶珠無路致之　師之隨豫之中孚

損　履機蹈顛墜入寒淵行不能前足矮不便

益　嚙命止車和合兩家蛾眉皓齒二國率疆

夬　吉日車攻田弋獲禽宣王飲酒以告嘉功

姤　重伯黃寶宜以我市嫁娶有思利得過毌

萃　延頸望酒不入我口深以自喜利得無有　益訟之

升　牧為代守饗食甘賜得吏士意戰大破胡長安國家

困　日出溫谷臨照萬國高明淑仁虞夏配德

井　逐兔索烏破我弓車日暮不及失利後時

革　譌言妄語傳相註誤道左失迹不知所處

鼎　履虎蹻蛇貶損我威君子失車去其國家

震　本根不固花葉落去更為孤嫗不得相親

艮　五軏四軏優得饒有陳力就列驪虞喜悦

漸　黃帝紫雲聖且神明光見福祥告我无殃

歸妹　五利四福俱佃高邑黍稷盛茂多獲藁稻

豐　羣虎入邑求索肉食大人衛守君不失國

旅　烏子鵲雛常與母居願慕羣侶不離其巢

巽　蹇驢不材駿驥失時筋勞力盡罷於沙上

兌　玄鬣黑顙東歸高郷朱鳥道引靈龜載莊遂抵天門見我

貞君

渙　探巢得雛鳩鵲來俱使我音娛

節　安上宜官一日九遷擢超等牧養常山君臣獲安

中孚　大頭目明載受嘉福三雀飛來與祿相得

小過　遠視千里不見黑子離婁之明無益于光

三女為姦俱遊高園倍室夜行與伯突言不忍主母失禮

酒覓皇天誰告

未濟　日辰不和強弱相振一雌兩雄客勝主人

泰之第十一

泰　受福　求玉陳國留連東域須我王孫四月來復主君有德蒙恩

乾　伯夷叔齊貞廉之師以德防患憂禍不存　比之　剝

坤　濟深難渡濡我衣袴五子善權脫無他故　他字一　作衣

屯　倚立相望適得道通驅駕奔馳比目同床　師之

蒙　葛藟蒙棘花不得實讒使為政使恩壅塞　師之　中孚

需　四足無角君子所服南征述職與福相得

訟　踝踵之傷左指病癃失旅後時利走不來　蒙之　履

師　春城夏國生長之域可以服食保全家國

比　望驥不來駒賽為憂雨驚我心風撼我肌

小畜　久客無牀思歸我鄉雷雨涌盈道不得通

履　舫船備水旁可燃火積善有徵終身無禍

否　陟岵望母役事未已王政無監不得相保

同人　多載重員指棄于野子母誰子但自勞苦　師之

大有　生直地乳上皇大喜賜我福祉受命無極

謙　翁翁輈輈稍墮山顛滅其令名長沒不全　否之離

豫　東隣嫁女為王妃后莊公築館以尊王母歸于京師季姜

隨　伯虎仲熊德義淵閟使布五穀陰陽順叙　坤之始益之屯

　悅喜

蠱　敏捷敬疾如猨升木形弓雖調終不能獲

臨　一舉被覆目不見日月衣裳簟床就長夜室　隨坤之

觀　忍醜少羞無面有頭虛日以弊消寶耗減

噬嗑　涸陰沍寒常氷不溫令人墮怠電大為災

賁　夏麥麩麮霜擊其芒疾君取國使民夭傷　午當作干　謂比干也

剝　淵涸龍憂箕子為奴午叔隕命殷破其家

復　跋踦相隨日暮牛罷陵遲後旅失利亡雌

無妄　桑之將落隕其黃葉失勢傾側如無所立

大畜　生長以時長育根本陰陽和德歲樂無憂

頤　童女無夫未有匹配陰陽不和空坐獨宿

大過　春令原宥仁德不合三聖攸同周國茂興

坎　金精耀怒帶劍過午兩虎相距雖驚无咎

離　危坐至暮請求不得膏澤不降政戾民惑

咸　老楊日衰條多枯枝爵級不進日下摧隤　蒙之

恒　蔡侯適楚留連江濱踰時歷月思其君后　訟

遯　右撫劍頭左受鉤帶凶訟不止相與爭戾失利市肆

大壯　水流趨下遠至東海求我所有買鮪與鯉　訟之
此

晉　登几上輿駕駟南遊合縱散衡燕秦以強

家人　過時不歸道遠且迷旅人心悲使我徘徊

明夷　求兔得獐過其所望歡以相迎高位夷傷

蹇　居如轉九危不得安東西不寧動生憂患

睽　鬼孤無室銜指含食盜張民饋見敵失肉

解　坤厚地德庶物蕃息平康正直以綏大福

損　捌㪍牡荆生賢山傍仇斂肯憎埶肯相迎

益　鳳凰銜書賜我玄珪封為晉侯

夬 作凶不善相牽入井溺陷辜罪禍至憂有

姤 悲鳴比行失其長兄伯仲不幸骸骨散亡

萃 羔衣豹裘高易我家君子維好

升 日中為市各抱所有交易資貨貪珠懷寶心悅歡喜

困 振急絕理常陽不雨物病焦乾華實無有

井 狐貉載剝徙溫厚處寒棘為疾有所不足

革 顛踐危難脫執去患入福喜門見誨大君

鼎 四亂不安東西為患退止我足毋出國城乃得全完賴其

生福

震 南國少子才略美好求我長女賊薄不與反得醜惡後乃

大悔 漸比之

艮 妄怒失理陽孤無輔物病焦枯年飢於黍

宋本焦氏易林（吳門黃氏士禮居十六卷本）

漸　倬然遠咎避患害早田獲三狐見民為寶

嶍妹　逐鹿山巔利去我西維邪南北無所不得

豐　龍蛇所聚大水來處滑滑沸沸使我無賴

旅　從風吹火牽騏驥尾易為功力因催受福

巽　澤狗水兒難畜少雛不為家饒心其函通

兌　水壞我里東流為海龜兒讙囂不覩慈母

渙　褰衣涉行水深凊多賴幸舟子濟脫無他 訟之萃

節　龜厭河海陸行不止自令枯槁失其都市憂悔為咎亦無
　　及巳

中孚　同本異業樂仁政德東隣慕義來興我國

小過　桃李花實累累日息長大成熟甘美可食為我利福

既濟　重瞳四乳聰明順理無隱不形微視千里災害不作君子

集聚

未濟實沈參墟以義討尤次止結盟以成霸功

否之第十二

否　秦爲虎狼與晉爭強併吞共國號曰始皇

乾　天之奧府衆利所聚可以饒有樂我君子 謙之

坤　天之所災函不可居轉從獲福留止危憂

屯　名成德就項領不試景公耆老尼父逝去 剝

蒙　特善避患福祿常存雖有豺虎不能危患 履之

需　避患東西反入禍門糠糟不屬憂動我心 未濟

訟　珪壁琮璋執贄見王百里寗越應聘齊秦 需之 井

師　揚水潛鑒使君潔白衣素朱表遊戲皐沃得君所願心志

　　娛樂

比　官爵相保居之無咎求免不得怕使恨悔

小畜　載元無禪囍裎出門小兒作笑君爲憂患

履　把珠入口爲我利寶得吾所有欣然嘉喜

泰　行不如還直不如屈進不若退可以安吉

同人　眾鬼凡聚還生大怪九身無頭魑魅驚鬼去不可以居

大有　家給人足頌聲並作四夷賓服干戈囊閣

謙　人面鬼口長舌爲咎斷破瑚璉殷商絕祀

豫　南山之峻真人所在德配唐虞天命爲子保佑飲享身受

大慶

隨　春桃生花季女宜家受福多年男爲邦君　師之　坤

蠱　鷗鴉破斧沖人危殆賴其忠德轉禍爲福傾危復立

臨　猿隨高木不蹉手足保我金玉還歸其室　訟之艮益之　豫蒙之隨

觀
天之奧隅，堯舜所居，可以存身，保我邦家。
履之

噬嗑
伯蹇叔盲，足病難行，終日至暮，不離其鄉。
復之

賁
日月相望，光明盛昌，三聖茂功，仁德大隆。
師之節　蒙之謙

剝
桃李花實，累累日息，長大成就，甘美可食。
泰之小過

復
入和出明，動作有光，運轉休息，動作尤康。

無妄
陰冥冥衰（一作老），老極陽建，其德履離，載光天下，明功業不長。

蝦蟆代王
大有之臨　坤之未濟

大畜
行役未已，新事復起，姬姜勞苦，不得休息。

頤
狐鳴牝飢，無所食，困於空乏，莫與同力。

大過
雄聖伏名人，匿麟遠走，鳳飛北擾亂未息。
泰之謙噬

坎
病貧望幸，使伯行販，開牢擇羊，多得大牂。
遯之　訟之

離
翁翁軸軸，稍稍崩顛，滅其令名，長沒不存。
嗑之坎

咸　花薄實槁衣弊如絡女功不成絲布如玉

恒　溫山松栢常茂不落鸞鳳所止得以歡樂
<small>坤　厲作　需之隨</small>

遯　失恃母友嘉偶出走獲如失鬼儽如虐狗喪
<small>屯之比　需之</small>

大壯　太乙駕驪從天上求徵我叔季封爲鲁侯
<small>需之比</small>

晉　雙鳬俱飛欲歸稻池徑涉難澤爲矢所射傷我胸臆
<small>屯之　娵</small>

明夷　深坑復平天下安寧意娛心樂賴福長生

家人　俱爲天民雲過吾西風伯雨師與我無思

睽　野鳥山鵲來集六博三鳥四散主人勝客

蹇　北陰司寒堅冰不溫凌人情忘大黿爲災

解　伊尹致仕去桀耕野執順以傳反和無咎

損　北風牽手相從笑語伯歌季舞讌樂以喜

益　從巢去家南過白馬東西受福與母相得

夬　鳥飛跌跛兩兩相和不病四支但去莫疑

姤　三年生駒以戌為母荆夷上侵姫伯出走　坤之震　需之訟

萃　破筐敝筥弃捐於道壞落穿敗不復為寶

升　結紐得解憂不為禍食利供家受福安坐

困　白日陽光雷車避藏雲雨不行各自止鄉

井　杜口結舌心中怫鬱凶災生患無所告寃　否之巽　比之咸

革　實貝贖狸不聽我辭繫於虎鬚牽不得來　需之　睽之

鼎　持鶴抱子見蛇何咎室家俱在不失其所

震　逐兔山西利走入門賴我仁德獲為我福

艮　興役不休與民爭時牛生五趾行危為憂

漸　春粟夏梨少鮮希有斗千石萬貴不可販

歸妹　悲號北行失其長兄伯仲不幸骸骨散亡

豐　賦斂重數政為民賊枒軸空盡家去其室

旅　履服白縞殃咎並到憂不敢笑

兌　免冠進賢步行出朝門體不正賊孽為患

巽　杜口結舌言為禍母代伯受患無所禱寬　否之井　比之咸

渙　娶於姜女駕迎新婦少齋在門夫子悅喜　屯之

節　牧羊稻園聞虎喧嘩思恐悚息終無禍患復　屯之

中孚　老姜据機緯絕不知女功不成冬寒無衣

小過　乘龍吐光使陰復明燎獵載聖六師以昌

既濟　東隣嫁女為王妃后莊公築館以尊主母婦於京師季姜

　　　悅喜觀　屯之

未濟　灌鵲東從道頓跌時日食不退病為身禍

焦氏易林卷第三

同人之第十三

同人　同人密竇山巔銷鋒鑄刃示不復用天下大勸

乾　一臂六手不便於口莫肯與用利弃我走

坤　獐鹿逐牧飽歸其居安寧無悔

屯　鴻魚逆流至人潛渚蓬蒿代柱大屋顛倒

蒙　三毅五牂相隨俱行迷入空澤經涉六駁爲所傷賊

需　黃帝出遊駕龍乘馬東上太山南過齊魯邦國咸喜

訟　履危不安心欲東西步走逐鹿空無所得

師　望尚阿衡太宰周公藩屏湯武立爲侯王

比　白龍黑虎起伏俱怒戰於阪兆蚩尤走敗死於魯首 蒙之

之比 同

坎益

履　周德既成杼軸不傾申酉趺暮耋老衰去篋石不祐

小畜　載石上山步趺不前嚬眉之憂不得所歡

泰　乘雲帶雨與飛鳥俱動舉千里見我慈母

否　齎貝贖狸不聽我辭繫我虎髯潛牽不得來

大有　三翼飛來是我逢時俱行先至多得大利

謙　兩足四翼飛入家國寧我伯子與母相得

豫　按民呼池玉盃文案魚如白雲一國獲願

隨　龍渴求飲黑雲影從河伯奉觴跪進酒漿流潦滂滂

蠱　季姬踟躕望我城隅終日至暮不見齊侯君上無憂

臨　出門逢患與福爲怨更相擊刺傷我手端

觀　播天舞地神明所守安樂無咎

噬嗑　兩金相擊勇氣鈞敵終日大戰不破不缺

賁　車雖駕兩絆絕馬奔出雙輪脫行不至道遇害

剝　文山紫芝雍梁朱草長生和氣王以為寶公尸侑食福祿

無妄　負牛上山力劣行難烈風雨雪遮遇我前中道復還憂者

復　把珠入口為我畜寶得吾所有欣然嘉喜

來處

得歡

大畜　陶朱白珪善賈息資三致千金德施上人

頤　子鉏執麟春秋作元陰聖將終尼父悲心

大過　春日載陽福履齊長四時不忒與樂為昌

坎　孔德如玉出於幽谷飛上喬木歙其羽翼大光照國　比

離　頤脫康居慕仁入朝湛露之歡三爵畢恩復歸窮廬以安

其居

坤之

咸　秋冬夜行照覽星辰道理利通終身何患

恒　鳴鵲抱子見蚭何咎室家俱在不失其所

遯　安和泰山福祿屢臻雖有豺虎不能危身

大壯　老目嘗眠不知東西君失理命以直為傴王珠其寶

晉　植璧秉珪請命于河周公剋敏冲人瘳愈

明夷　大王執政歲熟民富國家豐有主者有喜

家人　爭訟相背和氣不處陰陽俱否穀風無子　比之蠱

睽　齊魯爭言戰於龍門構怨結禍三世不安　坤之離

蹇　鹿得美草鳴呼其友九族和穆不離邦域

解　百里南行雖徵復明去虞適秦為穆國卿

損　梅李冬實國多寇賊亂擾並作王不能制　屯之師

益　府藏之富王以賑貸捕魚河海苟固多得巨蛇大蠧戰於

國郊君遂走逃

夬　杜飛門啟患憂大解去老乘馬不為身禍　需之　死

姤　宜昌娶婦東家歌舞長樂歡喜

萃　正陽之央甲氏以亡禍及留吁湮滅為墟

升　鳥過稻廬甘樂玁鮪雖驅不去田畯懷憂

困　跋蹄俱行日暮車傷失旅乏糧

井　龍門水穴流行不害民安其土君臣相保

革　山陵四塞遏我徑路欲前不得復還故處

鼎　兩虎爭鬭血流漂杵城郭空墟蒿藜塞道

艮　龍生無常或托空葉憑乘風雲為堯立功

震　依叔墻隅志下心勞楚茸晨食韓子低頭

漸　魁行搖尾逐雲吹水汙泥為陸下田為稷

歸妹　跛蹄相隨日暮牛罷陵遲後旅失利亡雌

豐　三人俱行比求大牂長孟病足請李員囊柳下之寶不失
　驪黃

旅　鳳凰在左麒麟在右仁聖相遇伊呂集聚傷害不至時無
殃咎福爲我母　咸　訟之

巽　乘筏渡海雖深不殆曾孫皇祖累累具在

兌　比目四翼來安吾國贇福上堂與我同床　比之離　損之隨

渙　娶於姜呂駕迎新婦少齊在門夫子悅喜　渙　否之

節　螟蚳爲賊害我稼穡盡禾單麥秋無所得

中孚　衣裳顛倒爲王來呼成就東周邦國大休

小過　王孫季子相與爲友明允篤誠升擢慶舉

既濟　踊泉滑滑滑流行不絕汙爲江海敗毀邑里家無所處聞虎

不懼向我笑喜

未濟　桑戶竊脂啄粟不宜亂政無常使心孔明

大有之第十四

大有　白虎張牙征伐東來朱雀前驅讚道說辭敵人請服銜璧

前趨

乾　南山大行困於空桑老沙爲石牛馬無糧

譚譚所言莫知我恒懽樂堅固可以長安

乾之困

屯

坤　蟠枝失岐與母別離絕不相知

蒙　李梅零墜心思憒憒懷憂少愧亂我憲氣

需　火雖熾在吾後寇雖多在吾右身安吉不危殆

訟　虎卧山隅鹿過後胸弓矢設張狷爲功曹伏不敢起逐至

平野得我美草

師　三火起明兩滅其光高位疾巔驕恣誅傷

比　匹君楚馬遇讒無辜久旅離憂

小畜　一室百子同公異母以義防患禍災不起

履　商人行旅資所無有貪貝利珠留連王市還旋內顧公子

泰　何咎　禹將爲君北入崑崙稍進揚光登入溫湯代舜爲治功德

否　昭明　乾行天德覆幬無極嘔呼烹熟使各自得

同人　南國盛茂黍稷醴酒可以享老樂以嘉友

謙　方船備水旁河然火終身無禍

豫　雷行相逐無有休息戰於平陸爲衆所覆

隨　躑躅踟蹰拊心搔頭五晝四夜睹我齊侯

蠱　大口宣唇神使伸言黃龍景星出應侯門與福上天天下

安昌需之

臨　陰衰老極陽建其德離陽載光天下昭明　否之無妄
坤之未濟

觀　三塗五岳陽城太室神明所伏獨無兵革

噬嗑　年豐歲熟政仁民樂利以居止旅人獲福

賁　楚烏逢天不時久放離居無羣意眛精喪作此哀詩以告

剝　出門大步與凶惡忤罵公詈母爲我憂恥

孔憂

復　火至井谷陽芒生角犯歷天戶闚觀太微登上玉牀家易

六公

無妄牧羊逢狼雖憂不傷畏怖既息終無禍殃

大畜蘭栗犧牲敬奉貴神亨者飲食受福多孫望季子不來孔聖

厄陳旅　乾之

順　大蓋治床南歸羖羊長伯爲我多得牛馬利於徙居

大過　枯樹無枝與子分離飢寒莫養獨立哀悲

坎　天地九重堯舜履中正冠垂裳宇宙平康

離　息駑駕遊淫君子以寧履德不愆福祿來成

咸　羸禮逐狐爲人觀笑牝雞司晨主作亂根

恒　典冊法書藏在蘭臺雖遭亂潰獨不遇災　大過坤之大畜

遯　三癡俱狂欲之平鄉迷惑失道不知昏明

大壯　癭瘤瘍疥爲身瘡害疾病癃痢常不屬逮

晉　三豕俱走鬬於虎口白豕不勝死於坂下

明夷　賴先之光受德之佑雖遭顛沛獨不凶咎

家人　上義崇德以建大福明哲且聰周武立功

易學經典文庫

睽

生福

四亂不安，東西為患，身止無功，不出國城，乃得全完，賴其

蹇

金牙鐵齒，西王母子，無有患殆，減害道利 小畜之 大有

解

賀喜從福，日利蕃息，歡樂有得

損

昊天白日，照臨我國，萬民康寧，咸賴嘉福

益

左眇右盲，視闇不明，下民多孽，君失其常

夬

吾家泰梁，積委道傍，有囊服箱，運到我鄉，藏於嘉倉

姤

殊類異路，心不相慕，牝猭無猳，鰥無室家

萃

雀行求食，出門見鸇，顛蹶上下，幾無所處

升

野有積庚，稑人駕取，不逢虎狼，暮歸其宇

困

膚敏之德，發憤忘食，虎豹禽說，為王求福 師之觀 虎當作虜

井

光祀春成，陳項難鳴，陽明失道，不能自守

革　左抱金玉右得熊足常盈不亡獲心所欲

鼎　履泥汙足名困身辱兩仇相得身爲痛瘰

震　安居重遷不去其宣未來相聞樂得常產

艮　天災所遊凶不可居轉徙獲福留止危憂

漸　昧昧墨墨不知白黑景雲亂擾光明隱伏犬戎來攻幽主

失國

歸妹　息雁啞啞以水爲宅雌雄相和心志娛樂得其所欲之鼎 大畜

豐　長生無極子孫千億栢柱載器堅固不傾

旅　麒麟鳳凰善政得祥陰陽和調國無災殃

巽　天之輿隅堯舜所居可以存身保我室家

兌　配合相迎利之四鄰昏以爲期與福笑喜

渙　砥德礪材果當成周拜受大命封爲齊侯

易學經典文庫

94

節

與福俱坐　畜水備火　思患豫防　終無殃禍

中孚　晨昏潛處　候明昭昭　卒連白日　爲世榮主

小過　視日再光　與天相望　長生懽悅　以福爲多　日作日

既濟　大頭明目　載受嘉福　三崔飛來　與祿相單　日當

未濟　梗生荆山　命載輸班　袍衣剝脫　夏熱冬寒　立餓枯槁　眾人

莫憐

謙之第十五

謙　王喬無病　苟頭不痛　亡破失履　乏我送從

乾　喋囁處曜　昧冥相待　多言少實　終無成事

坤　北辰紫宮　衣冠立中　含和建德　常受大福　鈌刀攻玉　堅不

可得

屯　東壁餘光　數暗不明　主母嫉妬　亂我事業

蒙　下背其上盜明相讓嬰子兩頭陳破其虛

需　鳳生會稽稍巨能飛翱翔往來為眾鳥雄 一作

訟　鑿井求玉非卜氏寶名困身辱勞無所得 訟作一卦

師　邦築載役道至東萊百僚具舉君王嘉喜 師作一卦

比　安息康居異國同廬非吾邦域使伯憂惑

小畜　江河淮海天之都市商人受福國家富有

泰　白鶴衛珠夜食為明懷我德音身受光榮

履　同本異葉樂仁上德東鄰慕義來與吾國

否　踐履危難脫厄去患入福喜門見吾邦君

同人　宮商既和聲音相隨驪駒在門主君以歡

大有　天地配享六位光明陰陽順序以成厥功

豫　江河淮海天之奧府眾利所聚可以饒有樂我君子 否之
坤

隨　雙鳥俱飛欲歸稻池經涉壅澤爲矢所射傷我胸臆

屯之　旅比

之晉

盅　留仲叔季日暮寢寐贏卧失限虐我具囊銜却道傍

臨　受終文祖承衰復起以義自閉雖苦無咎

觀　据斗運樞順天無憂與天並居　益之　節

噬嗑　周師伐紂戰於牧野甲子平旦天下悅喜

賁　十雌百雛常與母俱抱難搏虎誰敢害諸

剝　桀跖並處人民愁苦擁兵荷粮戰於齊魯

復　南山昊天刺政閔身疾悲無辜肯憎爲仇

無妄　百川朝海流行不止道雖遼遠無不到者

大畜　目不可合憂來搖足悚惕爲懼去我邦域

順　鳥升鵠舉照臨東海龍降庭堅爲陶叔後封於英六履祿

綏厚

大過　北方多棗橘柚所聚荷囊載泰盈我筐管

坎　懸狟素餐食非其任失望遠民實勞我心

離　羔羊皮革君子朝服輔政扶德以合萬國

咸　齊魯爭言戰於龍門構怨致禍三歲不安

坤之離同人
之睽比之蠱

恒　久陰霖雨塗行泥潦商人休止市無所有

遯　桃雀竊脂巢於小枝搖動不安為風所吹寒心慄慄常憂

殆危

大壯　防患備災凶惡不來雖困無憂未獲安休

晉　引順絕糧與母異門不見所懼孰與共言

明夷鰖鰕去海藏於枯里街巷褊隘不得自在南北極遠渴餒

成疾

易學經典文庫

家人　恭寬信敏功加四海辟去不祥喜來從母

睽　歲飢無年虐政害民乾谿驪山秦楚結怨

蹇　右目無瞳偏視寡明十步之外不知何公

解　蜩螗歡喜草木嘉茂百菓蕃熾日益多有

損　常德自如安坐無尤莘入貴鄉到老安榮　絕一作無

益　狡兔趫趫良犬逐咋雄雉受害為鷹所獲

夬　春桃生花季女宜家受福多年男為封君

姤　山石朽弊稍崩墜落上下離心君受其咎

萃　水壞我里東流為海黿鼉讙囂不睹我家

升　七竅龍身造易八元法天則地順時施恩富貴長存

困　四夷慕德來興我國文君陟降同受福德

井　華首山頭仙道所遊利以居止長無咎憂

革　鸛鳩徙巢，西至平州，遭逢雷電，闢我蕃蘆，室家飢寒，思吾

故初

鼎　狗無前足，陰謀叛背，為身害賊

震　陽孤亢極，多所恨惑，車傾蓋亡，身常驚惶，乃得其願，雌雄

艮　相從乾之屯

漸　空槽注猪豚，黿不到，張弓祝雞雄，父飛去

歸妹　爪牙之士，怨毒祈父，轉憂與己，傷不及母

豐　拜跪請兔，不德尨腐，挽眉銜指，低頭北去

旅　有莘季女，為夏妃后，貴夫壽子，母字四海

巽　季姜踟蹰，待孟城隅，終日至暮，不見齊侯

兌　邯鄲反言，父兄生患，涉叔援俎，一死不還

渙

逐鹿山巔利去我西維邪南北利無不得

節

穿鼻繫株為虎所拘王母祝榴禍不成災突然自來

中孚虎豹能羆遊戲山谷君子仁賢皆得所欲

小過梅李冬實國多賊盜擾亂並作王不能制

既濟望幸不到文章未就王子逐兔犬蹄不得

未濟千柱百梁終不傾僵仁智輔聖周宗寧康

豫之第十六

豫　氷將泮散鳴雁雖雖丁男長女可以會同生育聖人

乾　龍馬上山絕無水泉喉燋脣乾口不能言

坤　蔡侯朝楚留連江濱踰時歷月思其后君

屯　文厄羑里湯拘夏臺仁聖不害數困何憂免於縲索為世

雄侯

蒙　典冊法書藏在蘭臺雖遭亂潰獨不遇災

需　罈棗疆國文禮不飭跨馬控弦伐我都邑

訟　星隕如雨弓弱無輔強陽制陰不得安土

師　蝗齧我稻驅不可去實穗無有但見空藁

比　虎飢欲食為蜻而伏禹導龍門辟咎除患元醴以安

小畜　蝙蝠夜藏不敢晝行酒為酸漿魴羬鮑羹

履　精華墮落形體醜惡齫齬挫頓枯槁腐蠹

泰　兩足不獲難以遠行疾步不能後旅失時

否　令妻壽母宜家無咎君子之歡得以長久

同人　蠶飢作室昏多亂纏緒不可得

大有　子鉏執麟春秋作元陰聖將終尼父悲心

謙　蟓虫為賊害我稼穡禾殫麥盡秋無所得

隨　憂在腹內山崩為疾禍起蕭牆竟制其國

蠱　茹芝餌黃飲食玉瑛與神流通長無憂凶

臨　一夫兩心祆剌不深所為無功求事不成

觀　十里望烟散渙四方形容滅亡終不見君

噬嗑　張弓廓弩經涉山道雖有伏虎誰敢害諸

賁　泉閉澤竭王母飢渴君子困窮乃徐有說

剝　野鳶山鵲奕棊六博三梟四散主人勝客

復　羊驚馬走上下揮擾鼓音不絕頃公奔敗

無妄　黃帝神明八子聖聰俱受大福天下康平

大畜　仕車釀酒疾風暴起泛亂福器飛揚位草明神降祿道無

頤

害寇

滕蛇乘龍宋鄭飢凶民食草莘

大過揚水潛鑿使石潔白裹素表朱遨遊皋澤得君所願心志

坎　娛樂

西過虎廬驚其前樞雖憂無尤

離

衣成無袖不知所穿客指東西未得便安

晨風文翰隨時就溫雄雌相和不憂危殆

咸

心多恨悔出言為怪梟鳴于北聲醜可惡請謁不得

恒

離女去夫悶思苦憂齊子無良使我心愁

遯

大壯過時不歸雌雄苦悲徘徊外國與叔分離

晉　鵲巢柳樹鳩集其處任力薄德天命不佑

明夷鶴盜我珠逃於東都懷怒追求郭氏之墟不見踪跡使伯

　心憂

家人夫婦相背和氣弗處陰陽俱否莊姜無子

易學經典文庫

睽：月走日步，逃不同舍，夫妻反目，主君失位

蹇：雒陽嫁女，善逐人走，三寡失夫，婦姤無子

解：周德既成，柸軸不傾，太宰東西，夏國康寧

損：日中為市，交易資寶，各利所有，心悅以喜

益：童妾獨宿，長女未室，利無所得

夬：忠言輔成，王政不傾，公劉兆基，文武綏之

姤：牛驪同堂，郭氏以亡，國破為虛，主君奔逃

萃：中原有菽，以待雑食，飲御諸友，所求大得

升：多虛少實，語不可覆，尊虛無酒，飛言如雨

困：青蠅集蕃，君子信讒，害傷忠患，生婦人

井：履株覆輿，馬驚傷車，步步為我憂

革：商風召寇，呼我北盜，間諜內應，與我爭鬥，殫已寶藏，主人

震　吾有驊騮畜之以時東家翁孺來請我車價極可與後無

鼎　逸豫好遊不安其家惑於少姬久迷不來

不勝

賊悔

艮　阨窮上通與堯相逢登升大麓國無凶人

漸　衆兔俱走熊羆在後蹄不能進失信寡處

歸妹　旁行不遠三思復返心多畏惡中日止舍

豐　倉唐奉使中山以孝文候悅喜擊子徵召

旅　入天門守地戶居安樂不勞苦一說文山蹲鴟肥腯多脂

巽　登皆上堂見吾父兄左酒右漿與福相迎

王孫獲顧載福巍巍

兌　秋蚳向穴不失其節夫人姜氏自齊復入

渙

忍醜少羞　無面有頭　滅耗實竅　虛日以削銷

節　景星照堂　麟鳳遊翔　仁施大行　頌聲以興

中孚竿旄雄旗　執幟在郊　雖有寶珠　無路致之　師之隨 履之解

小過李華再實　鴻卵降集　仁德以興　陰國受福　小畜之離

既濟白馬赤烏　戰於東都　天輔有德　敗悔爲憂　比之訟

未濟採薪得麟　大命隕顛　豪雄爭名　天下四分　屯之 坤

焦氏易林卷第四

隨之第十七

隨　鳥鳴東西迎其羣侶不得自專空返獨還

乾　鼻目易處不知香臭君迷於事失其寵位

坤　唐虞相輔鳥獸喜舞安樂無事國家富有

屯　左輔右弼金玉滿櫃常盈不亡富如敖倉　蒙之坤　師之歸妹

蒙　蒼龍單獨與石相觸摧折兩角

需　釣目獻部善逐人走來嫁無夫不安其廬　需之睽

訟　逐虎驅狼辟者不祥凶惡比行與喜相逢

師　賁貝贖狸不聽我辭繫於虎鬚牽不得來　同人

比　同載共興中道別去喪我元夫獨與孤居　比之否　否之革

小畜　奮翅鼓翼將之嘉國怨期失時反得所欲

宋本焦氏易林（吳門黃氏士禮居十六卷本）

履　目傾心惑夏姬在側申公顛倒巫臣亂國

泰　搏鳩彈鵲逐兔山北九盡日暮失獲無得

否　鹿求其子虎盧之里唐伯李耳貪不我許

同人　敗魚鮑室臲卼不可息上山履塗傷我足

大有　華燈百枝消襄暗微精光訖盡奄有灰靡

謙　顏叔子夏遨遊仁宇溫良受福不失其所

豫　梁柱堅固子孫蕃盛福喜盈積終無禍悔

蠱　邊鄙不聳民狃其野稺人成功年歲大有

臨　蚳牛鳴峋呼求水潦雲雨大會流成河海

觀　志合意同姬姜相從嘉耦在門夫子悅喜

噬嗑　白馬駮騮更生不休富有商人利得如上

賁　大姒夏禹經啓九道各有攸家民得安所

剝　甲戌己庚隨時轉行不失其心得且安寧

復　穆遠百里使孟厲武將帥襲戰敗於殽口

無妄　茅茹本居與類相扶顧慕羣旅不離其巢

大畜　伯仲叔季日暮寢寐坐臥失明喪其貝囊

頤　亡羊捕牢張氏失牛駏驉奔走鵲盜我魚

大過　雀目燕頰畏昏無光思我狡童不見子充

坎　入暗出明動作有光運轉休息常樂允康

離　不勝私情以利自嬰北室出孤毀其良家

咸　稱幸上靈媚悅於神受福重重子孫蕃功

恒　齊姜叔子天文在位實沉參墟封為康侯

遯　遨遊無患出入安全長受其懽君子萬年

大壯　被服文德升入大麓四門雍肅登受大福

晉　頁金懷玉南歸嘉國蜂蠆不螫利入我室　蠆音邁　螫音釋

明夷　日在阜顛鄉昧為昏小人成羣君子傷倫

家人　水父海母先來鳴呴澤皐之土從高而處

睽　東隣少女為王長婦柔順利貞宜夫壽子

蹇　戴餅望天不見星辰願小失大福逃於外　願當作顧

解　王喬不病狗頭不痛三尸失履乏我逆從

損　使燕築室身無庇宿家不容車微我衣服

益　威權分離烏夜徘徊爭薮月光大人誅傷　家人之无妄

夬　辯變白黑巧言亂國大人失福君子迷惑

姤　依踞甲鎧敝筐受貝大人不顧少婦不取弃捐於道

萃　燕雀銜筇以生孚乳兄弟六人妊好悌孝得心歡欣和悅　相樂小畜之兊

升 登几上與駕駟南遊合從散衡燕秦以僵 許當 許許

困 黷黷許許仇偶相得氷入炭室消亡不息 作許 許當

井 鷗鴉破斧邦人危殆賴其忠德轉禍為福傾亡復立 許許

革 載金販狗利弃我走藏匿淵渠悔折為咎

鼎 泉坑復平宇室安寧憂患解除賴福長生

震 驪姬讒嬉與二孽謀譖啄恭子賊害忠孝駕出嘉門商伯

有喜

艮 刺羊不當血少無羡女執空筐不得採桑

漸 牧羊稻園聞虎喧嘩畏懼悚息終無禍患

歸妹 明德隱伏麟鳳遠匿周室傾側不知所息

豐 隣不我顧而求玉女身多禿癩誰肯媚者

旅 初雖無輿後得戰車賴幸逢福不懼兵革

巽　水壞我里東流爲海龜鳥讙囂不晤王母

兊　兩心不同或欲西東明論終始莫適所從

渙　天帝懸車廢禮不朝禳福不制失其寵家

節　交川合浦遠濕難處水土不同思吾皇祖

中孚　勾踐之危棲於會稽太宰機言越國復存

小過　慈烏鳴鳩執一無尤寢門內治君子悅喜 隨之 大壯

既濟　當年早寡獨立孤居雞鳴犬吠無敢問諸我生不遇獨離

寒苦

未濟　江河變服淫洒無側高位顛崩寵祿反覆

蠱之第十八

蠱　魴生江淮一轉爲百周流天下無有難惡

乾　首澤與目載受福慶我有好爵與汝相迎

坤　輪輪輛輛歲莫偏蔽罷名捐弃君衰在位

屯　折若蔽日蘭屏王目司馬無良平子沒傷

蒙　家在海隅撓繞深流王孫單行無妄以趨

需　執義秉德不危不殆延頸盤桓安其室櫝屯耗未得終無

訟　大恤
　　長舌亂家大斧破車陽陰不得姬姜衰憂

師　二人異路東趨西步千里之外不相知處

比　視暗不見雲蔽日光不見子都鄭人心傷

小畜　初憂後喜與福為市八佾列陳飲御嘉友

履　童妾獨宿長女未室利無所得

泰　玄黃四塞雌伏謀呼我牆屋為巫所識

否　中復摧頹常恐衰微老復賴慶五羖為相

同人伯氏殺羊行悖天時亳社夷燒朝歌上墟

大有日短夜長祿命分張早離父兄兒見憂傷

謙一采唐沫鄉期于桑中失期不會憂思約帶

豫昧視無光夜不見明冥抵空床季葉逃亡

隨舉趾振翼南至嘉國見我伯姊與惠相得

臨則天順時周流其墟與樂並居元有咎憂

觀蟄室蜂戶螫我手足不可進取為吾害咎

噬嗑公孫駕驪載遊東齊延陵悅產遺季紵衣

賁轉作驪山大失人心劉季發怒禽滅子嬰

剝羊腸九縈相推稍前止須王孫乃能上天

復蟎蝀充側佞人傾惑女謁橫行正道壅塞

無妄福祿不遂家多怪祟麋鹿悲啼思其大雄

大畜　雲雷因積大雨重疊久不見日使心悒悒

頤　三河俱合水怒踊躍壞我王室民困無食

大過　旦雨夜行早遍辟城更相覆傾終無所成

坎　褒后生她矞老盲微側跌哀公酉滅黃離

離　鴻雁南飛隨時休息轉逐天和十歲不衰

咸　後時失利不得所欲莫事皆結自逐自逐

恒　心多恨悔出言為怪梟鳴室比醜聲可惡請謁不得

遯　四馬過陳時難再得尼父孔聖繫而不食

大壯　陰變為陽女化為男治道得通君臣相承

晉　崑崙源口流行不止龍門砥柱民不安處毋歸孩子黃麛
　　悦喜

明夷　葛纍蒙棘華不得實讒使亂政使恩壅塞

家人　公無長驅大王駿馬非其當所傷折為害

睽　大倉充盈庶民蕃盛年歲熟榮

蹇　執贄炤犧為風所吹火滅無光不見玄黃

解　鳥反故巢峀其室家心平意正與叔相和登高殞墜失其

　　寵貴

損　弩弛弓藏良犬不行內無怨女征夫在堂

益　特犧孔愽日新其德文公嫽獵姜氏受福

夬　季秋孟冬寒露霜降大陰在庭品物不生雞犬夜鳴家擾

　　數驚

姤　心多恨悔出門見怪有虵三足醜聲可惡媒毋為媒請求

　　不得

萃　虎豹爭強道開不通小人護訟貪夫受空

易學經典文庫

升　雞方啄粟爲狐所逐走不得食惶懼惕息

困　陳嬌敬仲兆與齊姜乃適營丘八世大昌

井　昊天白日照臨我國萬民康寧咸賴嘉福

革　雲夢大藪嘉有所在虞人共職驪駒樂喜

鼎　獐鹿雞兔羣聚東國俱徙逐追九齡十得主君有喜

震　德惠孔明雖衰復章保其室堂

艮　天之所壞不可強支衆口嘈嘈雖貴必危

漸　天之奧隅堯舜所居可以全身保我邦家

歸妹　下泉苞稂十年無王筍伯遇時憂念周京

豐　江河海隅衆利聚居可以遨遊卒歲無憂

旅　南山黃竹三身六目出入制命東皇宣政主尊君安鄭國
　　無患

巽　重驛置之來除我憂與喜俱居同其福休

兑　南山高崗麟鳳室堂舍和履中國無災殃

涣　紫芝朱草與仙爲侶公尸侑食福祿來下

節　宮成室就進樂相舞英俊在堂福祿光明

中孚商人子孫資無所有貪狼逐狐留連都市還轅內鄉嘉喜

　何咎

小過執贄入朝獻其狐裘元戎戋安沙漠以懼

既濟湧泉汩汩南流不絕壞敗邑里家無所處

未濟固陰沍寒常氷不溫凌人情怠大雹爲災

臨之第十九

臨　弱水之上有西王母生不知老與天相保行者危怠利居

　善喜

乾　黃貙生馬　白戎爲母　晉師在郊　虞公出走

坤　倉唐奉使　中山以孝　文侯悅喜　擊子徵召

屯　機關不便　不能出言　精誠不通　爲人所冤

蒙　白茅醴酒　靈巫拜禱　神嗜飲食　使君壽考

需　重瞳四乳　耳聰目明　普爲仁表　聖作元輔

訟　水長無船　破城壞堤　大夫從役　困于泥塗　一朝喪殯不見

師　二人俱行　各遺其囊　鴻鵠失珠　無以爲明

比　少妻

比　隨時轉行　不失其常　咸樂厥類　身無咎殃

小畜　蔡女蕩舟　爲國患憂　襃后在側　屏蔽王目　搔擾六國

履　駕龍騎虎　周遍天下　爲人所使　西見王母　不憂不殆

泰　員怨之吳　畫策闔閭　鞭平服荊　除大咎殃　威震敵國還受

否　唐邑之墟晉人之居虞叔受福寔沈是國世載其樂

同人　管鮑相知至德不離三言相桓齊國以安

大有　三十無室長女獨宿心勞未得憂在胸臆

謙　散渙水長風吹我鄉火滅無光墮敗桓公

豫　飛蛸蠕動各有配偶小大相保咸得其所

隨　安樂几筵未出王門

蠱　火生月窟上下恩塞舩亂我國

觀　長生無極子孫千億栢柱載青堅固不傾

噬嗑　欽敬昊天厤象星辰宣授民時陰陽和調

賁　三河俱合水怒踴躍壞我王屋民困於食

剝　壽如松喬與日月俱常安康樂不見禍憂

復　天之所予福祿常在不憂危殆

無妄　受讖六符招搖空虛雖跌無憂保我全財

大畜　賞金買車失道後時勞罷為憂我心則休

頤　華首山頭仙道所遊利以居止長無憂咎

大過　采唐沫鄉要期桑中失信不會憂思約帶

坎　八面九口長舌為斧斷破瑚璉殷商絕後

離　臨溪蟠枝雖恐不危樂以笑歌

咸　泱泱沸溢水泉為害使我無賴

恒　蝗螟為賊傷害稼穡愁飢於年農夫鮮食

遯　八百諸侯不期同時慕西文德興我宗族家門雍雍

大壯　長男少女相向笑語來歡致福和悅樂喜

晉　平國不君夏氏作亂烏號竊發靈公殞命

明夷　春多膏澤夏潤優渥稼穡熟成獻獲百解

家人　客宿卧寒席蓐不安行危爲害留止得歡

睽　乘桴於海雛懼不殆母載其子終焉何咎

蹇　手拙不便不能伐檀車無軸轅行者苦難

解　唐虞相輔鳥獸喜舞民安無事國家富有

損　秋蛇向穴不失其節夫人姜氏自齊復入

益　病篤難醫和不能治命終斯訖下即蒿廬

夬　青蛉如雲城邑閉門國君衛守民困於患

姤　牙孽生齒室堂啓戶幽人利貞鼓翼起舞

萃　鼀游江海没行千里以爲死亡復見空桑長生樂鄉

升　黄帝出遊駕龍乘馬東上太山南遊齊魯邦國咸喜

困　履危不止與兕相視驚恐失氣如騎虎尾

井　秋南春北不失消息涉和履中時無隱慝

革　龍門砥柱通利水道百川順流民安其居

鼎　千歲廟堂棟撓傾僵天厭周德失其寵光

震　折若蔽目不見稚叔三足孤烏遠離室家

艮　望叔山北陵隔我目不見所得使我憂惑

漸　鮑鞄之恩一畝千室萬國都邑北門有福

歸妹　域域牧牧憂禍相半隔以巖山室家分散

豐　騏驎騄耳遊食萍草逍遙石門循山上下不失其所

旅　天所祚昌文以為良篤生武王姬受其福

巽　羊腸九縈相推稍前止須王孫乃能上天

兌　貧鬼守門日破我盆孤牝不駒雞不成雛

渙　飽食從容出門上堂不失其常家無凶殃

節、陰溢不止白馬為泗皋澤之子就高而處

中孚執戈俱立以備暴急千人守門因以益甲終安何畏

小過夾河為婚水長無船遙心失望不見歡君

既濟陰陽變化各得其宜上下順通奏為膚功

未濟任劣德薄失其臣妾田不見禽犬無所齚

觀之第二十

觀 天子 歷山之下虞舜所處躬耕致孝名聞四海為堯所薦續位

乾 蜎飛蠕動各有所配歡悅相逢咸得其處

坤 繼祀宗邑追明成康光照萬國享世久長疾病不醫下即

乾 萬廬

屯 秋冬探巢不得鵲雛銜拮北去媿我少姬

蒙　童妾獨宿長女未室利無所得

需　鴻波逆流主人潛去萬蓬代柱大屋顛仆

訟　日闇不明讒夫在堂左辟疾瘮君失其光

師　王孫季子相與孝友明允篤誠升擢薦舉為國幹輔

比　麟趾龍身日取三千南上蒼梧與福為昏道里夷易安全

無患

小畜　三子成駒破其堅車輪載空輿後時失期

復　逐禍除患道德神仙遏惡萬里常歡以安

泰　黃池之盟吳晉爭強勾踐為患夷國不安

否　青牛白咽呼我俱田歷山之下可以多耕歲露時節人民

安寧　呼我句一作　招戒于田

同人　有頭無目不見菽粟消耗為疾三年不復

大有　山没丘浮陸爲水魚燕雀無巢民無室廬

謙　高崗鳳凰朝陽梧桐嗤嗤喈喈萋萋姜姜陳辭不多以告

豫　孔嘉

　　鰥寡獨宿憂動胸臆莫與宿食

隨　馬躓破車惡婦破家青蠅汙白共子離居

蠱　長女三嫁進退不羞逐狐作妖行者離憂

臨　人無定法緩除才出地雄走歸陽不制陰男失其家

噬嗑　茹芝餌黃飲食玉英與神流通長無憂凶

賁　東行無門西出華山道塞畏難遊子爲患

剝　壽如松喬與日月俱常安康樂不罹禍憂

復　探鷇得蝨所願不喜道宜小人君子咎蹇

無妄　蝸螺生子深目黑醜雛飾相就眾人莫取

128

大畜　喜怒不時雪霜為災稼穡無功后稷飢憂

顧
綏厚
烏升鵲舉照流東海尾降庭堅為陶叔後封圻蓼六履祿

坎　黍稷醇釀敬奉山宗神嗜飲食甘雨薦降獨蒙福力時災

大過　黃離白日照我四國元首昭明民賴其福

離
不至
福過我里入門笑喜與吾利市

咸　晝卧里門悚惕不安日不得閒毘掻我足

恒　春草榮華長女宜夫受福多年世有封祿

遯　雍門内崩賊賢傷人暴亂狂悖簡公失位

大壯　心志無良昌披妄行觸抵墻壁不見戶房

晉　膠車木馬不利遠賈出門為患安止得全

明夷　家在海隅橈短流深企立望宋無木以趨

家人　冬葉枯槁當風於道蒙被塵埃左右勞苦

睽　過時不行妄逐王公老女失度不安其居

蹇　履泥污足名困身辱兩仇相當身爲疾病

解　精華墮落形體醜惡齟齬挫頓枯槁腐蠱

損　長生無極子孫千億栢柱載青堅固不傾

益　去辛就蓼毒愈酷毒避羿入坑憂患日生

夬　行堯欽德養賢致福眾英積聚國無寇賊

姤　狗逐兔走俱入谷口與虎逢晤迫不得去

萃　望尚阿衡太宰周公藩屏湯武立爲侯王

升　清人高子久屯野外逍遙不歸思我慈母

困　三虫作蠱削跡無與勝母盜泉君不安處

井　驪作龍身進所無前三日五夜得其所欽

革　黃裹綠衣君服不宜潴酒毀常失其寵光

鼎　天所顧祐禍災不至安吉不懼

震　盤紆九迴行道留離止須子止乃睹所歡

艮　暴虐失國為下所逐北弇陰月玉居施頭

漸　御驂從龍至于華東與離相逢送致丁邦

歸妹　銅人鐵距雨露勞苦終日卒歲無有休息

豐　大人失宜盈滿復虧長長冬之木盛者減衰

旅　梅李冬實國多盜賊亂懷並作玉不能制

巽　澤枯無魚山童無株長女嫉妒使身空虛

兌　天門東虛既盡為災臨朕黯蒼秦伯受殃

渙　裏衣涉河水深漬衣賴幸冊子濟脫無他

節　推車上山高仰重難終日至暮惟見卓顛

中孚鼎易其耳熱不可舉大路雍塞旅人心苦

小過四亂不安東西為患退身止足無出邦域乃得完全賴其

生福

既濟班馬還師以息勞罷役夫嘉喜入戶見妻

未濟積德不怠遇主逢時載喜渭陽身受榮光

焦氏易林卷第五

噬嗑之第二十一

噬嗑　麒麟鳳凰善政德祥陰陽和調國無災殃

乾　比風相牽提笑語言伯歌叔舞讌樂以喜

坤　甲戌己庚隨時運行不失常節達性任情各樂其類

屯　破亡之虛神祇衰憂進往無光留止有慶

蒙　注斯骨澤扞衛百毒防以江南虺不能螫

需　日月相望光輝盛昌三聖茂功仁德大隆

訟　大蛇巨魚戰於國郊上下�屬蔡衛侯廬曹

師　龍入天關經歷九山登高上下道里險難日晏不食絕無

比　沙漠北塞絕無水泉君子征凶役夫苦艱

甘酸

133

小畜　關折門啓　衿帶解墮　福與善坐　憂不爲禍

履　狼虎所嗅　患害必遭　不利有爲　宜以遁逃

否　朽根枯樹　葉落花去　卒逢火焚　相隨偃仆

泰　金精耀怒　帶劍過午　兩虎相距　弓弩滿野　雛憂無苦

同人　入和出明　動作有光　轉運休息　常樂永康

大有　國多忌諱　大人恒畏　結口無患　可以長存

謙　天地淳厚　六合光明　陰陽順序　以成厥功

豫　嬴裎逐狐　爲人觀笑　牝雞晨主　作亂妖　臨之豫

隨　陰升陽伏　桀失其室　相餒不食

蠱　蛸飛蠢動　各有配偶　小大相保　咸得其所　臨之

臨　覘守我廬　欲呼伯去　曾孫壽考　司命不許　與生相保

觀　禍走患伏　喜爲我福　凶惡消亡　災害不作

賁　智不別揚張狂妄行蹈淵仆顚傷殺伯身

剝　凶憂災殃日益章明禍不可休三郤夷傷

復　長尾螥蛇畫地爲河深不可涉叩絕以無惆然憤息

無妄　愛我嬰女牽引不與冀幸高貴反得賤下

大畜　鳧游江海廿樂其餌既不近人雛驚不駭

頤　明滅光息不能復食精鬼既喪以夜爲室

大過　奇適無偶胃靖獨處所願不從心思勞苦

坎　筥蓏蒙棘華不得實讒佞亂政使忠雍塞

離　鵲笑鳩舞來遺我酒大喜在後授吾龜紐龍喜張口起拜

咸　福祉　搖尾逐災雲沉孽除涔泥生粱下爲田主

恒　白鶴啣珠夜食爲明膏潤優渥國歲年豐

遯　內執柔德止訟以默宗邑賴德禍災不作

大壯　犬吠驚駭公援戈起玄冥厭火消散尢解

晉　公悅媚喜孫子俱在榮譽日登福祿來處

明夷　鳥鳴捕穀長欲飛去循枝上下適與風遇顛隕樹根命不
可救

家人　析薪熾酒使媒求婦和合齊宋姜子悅喜

睽　隣不可顧而求玉女身多疾癩誰當媚者

蹇　遠視無明不知青黃黼繡塞耳使君闇聾

解　尪身已整逢禹巡狩賜我玄珪蒙受福祉

損　遠望千里不見黑子離妻之明無益於光

益　斧斤所斫瘡痍不息鍼石不施下即空室

夬　齊侯少子才辯美好求我長女賤薄不與反得醜陋後乃

大悔

姤　失儷後旅天門地戶不知所在安止無咎

萃　烏孫氏女深目黑醜嗜欲不同過時無偶

升　叔駕純驪南至東萊求索駒馬道悅中止

困　二女寶珠誤鄭大夫君父無禮自為作笑

井　陽城太室神明所息仁智之居獨無兵革

革　大蛇為蚗使道不通歲露尠少年穀敗傷

鼎　三足孤烏靈明為御司過罰惡自殘其家毀敗為憂渙　坎之

震　車雖駕兩靮絕馬欲步雙輪悅行不至道遇害

艮　鬱快不明為陰所傷眾霧集聚共奪日光

漸　鶄鳿鷗鵶治成禦災周公勤勞綏德安家

歸妹　名成德就項領不試景公耄老尼父逝去

豐　一夫兩心岐剌不深所爲無功求事不成

旅　昇張烏號發射天狼趙國雄勇敗於滎陽

巽　東家殺牛汚臭腥臊神背西顧命絕衰周

兌　火起吾後喜炙我鹿菴龍卿水泉喫柱屋雖憂無咎

渙　桃雀竊脂巢於小枝搖動不安爲風所吹寒心慄慄常憂

節　不殆

節　徙足去域飛入東國有所畏避深藏隱匿

中孚　瓊英朱草仁政得道見驚在渚福祿來下

小過　陳蔡之危從者飢罷明德上通憂不爲凶

既濟　春桃生花季女宜家受福多年男爲封君

未濟　徑邪賊田政惡傷民夫婦呪詛太上覆顚

賁之第二十二

賁　政不暴虐鳳凰來舍四時順節民安其居

乾　八口九頭長舌破家帝辛沉湎商滅其墟

坤　鬼守我門呼伯入山去其室家舍其兆墓

屯　日出阜東山蔽其明章甫薦屨箕子佯狂

蒙　戴盆望天不見星辰顧小失大福逃墙外

需　兩輪並轉南上大阪四馬共轅無有重難與語笑言

訟　羊驚狼虎悚耳羣聚行旅稽難留連愁苦

師　粳生荊山命制輸班袍衣剥脫夏熱冬寒立餓枯槁眾人

莫怜

比　鳥飛無翼兔走折足不常其德自為羞辱

小畜　條風制氣萬物生出明庶長養花葉茂榮

履　坤厚地德庶物蕃息平康正直以綏大福

贒

泰　卬畢附耳將軍求怒徑路隔塞燕雀驚駭

否　東風啓戶黔啄翻舞各樂其類咸得生處

同人　兩足四翼飛入家國寧我伯姊與母相得

大有　歲暮花落陽入陰室萬物伏匿藏不可得

謙　釋然遠咎避患早田獲三狐以貝為寶

豫　鵲延却縮不見頭目日以困急不能自復

隨　秋隼冬翔數被嚴霜雞犬夜鳴家擾不寧

蠱　班馬還師以息勞罷役夫嘉喜入戶見妻

臨　老楊日衰條多枯枝爵級不進　下推憤

觀　順風吹火羣騎驥尾易為功力因懼受福

噬嗑　六人俱行各遺其囊黃鶴失珠無以為明

剝　依叔增隅志下勞苦楚相辰食韓子低頭

復

三牛生狗以戌爲母荊夷上侵姬伯出走　坤之　震　需之　訟否之　姤

無妄　鶴盜我珠逃於東都鵲怒追求郭氏之墟不見踪跡反爲　剝之貢　觀之渙

患災

大畜　升輿中退舉事不遂哺㜌毀齒失其道理

頤

膾鯉

鴻鵠高飛鳴求其雌雌來在戶雄哺嘻嘻其獨勞苦包鱉

坎　虎豺龍指太山之崖天命不佑不見其雌

大過　褰衣涉河水深清衣幸賴舟子濟脫無他

離　明不處暗智不履危終日卒歲樂以笑歌

咸　三足俱行傾危善僵六指不使恩累弟兄樹柱閣車失其

正當

恒　舍車而徒亡其駿牛雖喪白頭酒以療憂

遯　析薪熾酒使媒求婦和合齊宋姜子悅喜

大壯　夜視無明不利貫商子反笑歡與市爲仇

晉　徒行離車不冒泥塗利以休居

明夷　作室山根人以爲安一昔崩顛破我壺殤

家人　山東山西各自言安蝝相登望意未同堂

睽　君子在朝凶言去消驚駭逐狼不見英雄

蹇　聽聽墳墳火燒山根不潤我鄰獨不蒙恩

解　南山之蹊真人所在德配唐虞天命爲子保佑歆享身受

大慶　復之比　否之豫

損　龍虵所聚大水來處決決需需淡淡礚礚使我無賴

益　姅裒苦蓋慕德獻服邊鄙不聾以安王國

夬　光體春成陳倉難鳴陽明失道不能自守消亡爲咎

大有　之井

嫁妹　下泉苞稂　十年無王　苟伯遇時　憂念周京〔蠱之嫁妹〕

萃　仁德不暴　五精就舍　四牧允釐　民安其居

升　隨和重寶　衆多貪有　相如眡柱　趙王危殆

困　鳳生五雛　長於南郭　君子康寧　悅樂身榮

井　二人為侶　俱歸北海　入門上堂　拜謁王母　勞賜我酒　女功〔悅喜〕

革　逐憂去殃　洿泥生梁　下田為王

鼎　東門之壇　茹藘在坂　禮義不行　與我心反

震　虎過稻廬　廿樂趨鰌　雛驅不去

艮　清人高子　久屯外野　逍遙不歸　思我君母　公子奉請　王孫〔嘉許〕

漸　讒人所言　語不成全　虎狼之患　不為我殘

歸妹　張羅捕鳩鳥麗其災雌雄俱得為罔所賊

豐　安仁尚德東隣慕義來安吾國

旅　猾醜如誠前後相違言如鷖咳語不可知

巽　懷璧越鄉不可遠行蔡侯兩裘久苦流離

兌　伯氏歸國多所恨惑車傾蓋亡身常驚惶乃得其願雌雄　否之

渙　相從
　　火石相得乾無潤澤利少囊縮秪益促迫

節　君知聖哲鳴呼其友鎮德之徒可以禮仕

中孚　騎豚逐羊不見所望經涉虎廬亡羝失羊　乾之　蹇

小過　立黃瘣隤行者勞罷役夫憔悴處子畏哀

既濟　右手掩目不見長叔失其所得悔吝相仍

未濟　免冠進賢步出朝門儀體不正賊孽為患　否之

剝　行觸大忌，與司命牾，執凶來縛，拘制於吏，幽人有喜。〔中孚之震〕

乾　穿胸狗邦，僵離旁春，天地易紀，日月更始。〔師之謙〕

坤　從風縱火，荻芝俱死，三害集房，十子中傷。

屯　北山有棗，橘柚於聚，荷裳戴香，盈我筐筥。

蒙　賁月贖狸，不聽我辭，繫於虎鬢，牽不得來。〔震之咸〕

需　上下惟邪，戾其元夫，歡心悒塞，若子離居。〔否之革　需之睽〕

訟　二人輦車，徙去其家，井沸釜鳴，不可安居。〔震之需　復之　旅〕

師　蹇驢不才，俊驥失時，罷於沙丘，筋力勞盡。〔履之〕

比　明傷之初，為穆出交，以讒復峙，名曰堅牛，剝亂叔孫，餒於〔巽之〕

小畜　天火大起，飛鳥驚駭，作事不時，自為身咎。

空上

履　土與山連共保歲寒終無災患萬世長安

泰　日出阜東山蔽其明章甫薦優箕子佯狂　貞之
　　　　　　　　　　　　　　　　　屯

否　龍馬上山絕無水泉喉唇乾口不能言　乾之
　　　　　　　　　　　　　　　　訟

同人　雄處弱水雌在海濱別將持食悲哀於心

大有　庭燎夜明追嗣日光陽軟不制陰雄坐戾

謙　三婦同夫忽不相思志恒悲愁顏色不怡

豫　鶴盜我珠逃於東都鵒怒追求郭氏之墟不見武跡反寫
　　患災
　　豫之
　　明夷

隨　獼猴冠帶盜載非位眾犬共吠磨走蹶足

蠱　黍稷禾稻垂獻方好中旱不雨傷風病燥

臨　雄聖伏名人匿麟遠走鳳飛北亂禍未息　中孚
　　　　　　　　　　　　　　　　　　之損

觀　王母多福天祿所伏居之寵光君子有福

噬嗑　班馬還師以息勞役夫忻喜入戶見妻　<small>觀之既濟</small>

賁　蹇裳涉河流深漬衣賴幸舟子濟脫無他　<small>觀之渙　賁之蠱兊</small>

復　被服文德升入大麓四門雍肅登受大福　<small>觀之萃　賁之</small>

無妄　東鄰嫁女為王妃后莊公築館以尊王母歸于京師季姜　<small>大過坤之萃</small>

　　悅喜

大畜　百足俱行相輔為強三聖翼事王室寵光　<small>屯之復晉之　坤遯之復</small>

頤　危坐至暮請求不得膏澤不降政炎民忿　<small>泰之離需之　漸之坎</small>

大過　百川朝海流行不止路雖遼遠無不到者

坎　乘驪駕騄東至于齊遭遇仁友送我以資厚得利歸

離　禮壞樂崩成子傲慢欲求致理力疲心爛陰陽不調成子

　　驕傲為簡生殃

咸　三人輿車乘入虎家王母貪叨盜我犁牛

恒　羊頭兎足少肉不飽漏囊敗粟利無所得　澳之艮

遯　新田筥粟上農得穀君子惟好以紆百福　恒之離

大壯　夷羿所射發輒有獲雙兎俱得利以伐國

晉　息舞鼓翼嘉樂堯德虞夏美功要荒賓服

明夷　登上上山對酒道觀終年卒歲優福無患

家人　歲暮花落陽入陰室萬物伏匿藏不可得

睽　蟊蚅為賊害我禾穀簞瓶空虛飢無所食

蹇　陽虎脅主使得不通火離為殃年穀病傷

解　四馬共轅東上泰山駢驤同力無有重難與君笑言　澳之豐

損　牧羊稻圍聞虎喧嚾懼畏悚息終無禍患　隨之漸　井之否　中孚之小過

益　揚花不時冬實生危憂多橫賊生不能服崑崙之玉所求　必得

夬
高皐所在陰氣不臨洪水不處爲家利寶

姤
釋然遠答辟患害早田獲三狐以貝爲寶君子所在安寧不殆

萃
兩目不明日奪無光脛足跛曳不可以行頓於上旁亡妾

莫逐崑然獨宿

升
鴻飛循陸公出不復伯氏客宿（中孚之同人）

困
桑芳將落隕其黃葉失勢傾側如無所得（一作佩玉云云）

井
載船渡海艱難咎孫子俱在不失其所

革
鵲求魚食道遇射弋繒加我頸繳縛羽翼欲飛不能爲非

鼎
泥面亂頭忍恥少蓋日以削消凶其自搖
所得

震
佩玉纍蕊無以繫之孤悲獨處愁哀相憂（一作桑芳云云）

艮　巨虵大鰌戰於國郊上下隔塞逐君走逃　巽之　臨

漸　巳動死連商子揚沙石流狐狢擾軍鼓振吏士恐落　貴之　歸妹

歸妹　二人俱行別離特食一身五心亂無所得

豐　三聖相輔鳥獸喜舞安樂富有三人皆偶

旅　三奇六耦相隨俱市王孫善賈先得利寶居止不安洪水

巽　為咎

三人俱行二人言北伯仲欲南少叔不得中路分爭道鬪

兌　相賊　豐之　中孚
播天舞光地乳神所守樂無咎言不信誤

渙　坐爭立訟紛紛匆匆辛成禍亂災及家公　大過之　坎

節　虵行蜿蜒不能上阪復節安居可以無憂

中孚　邻大墻壞蠹眾木折狼虎為政天降罪伐

小過　陽不達德高山多澤顏子逐兔未有所得

既濟　心多畏惡時愁自懼雖有小咎終無大悔

未濟　眾神集聚相與議語南國虐亂百姓愁苦典師征伐更立

賢主

復之第二十四

復　周師伐紂尅於牧野甲子平旦天下悅喜

乾　任重負力東征不伏陷泥履塗雄師敗覆

坤　義不勝情以欲自營覬利危寵折角摧頸

屯　懸狟素飡食非其任失輿剝盧休坐徒居室家何憂

蒙　鶬鴔娶婦深目窈身折腰不媚與伯相背

需　東風解凍河川流通西門子產升擢有功

訟　三足俱行傾危善僵六指不便恩累弟兄樹柱關中失其

正當貞之

師　京庚積倉秦稷以興已極行疾至以屬飽

比　南山之跡真人所遊德配唐虞天命為子保佑歆享身受

小畜　車馳人趨卷甲相仇齊魯冠戰敗於犬上 坤之 兌
大慶　解

履　十五許室柔順有德霜降既嫁文以為合先王日至不利

泰　任力劣薄遠托邦國轉車不彊為癰所傷
出域

否　千歲舊室將有困急荷糧貟囊出門直北

同人　惡災殆盈日益彰明禍不可救三郤夷傷

大有　冠危戴患身驚不安與福馳逐凶來入門

謙　虎狼並處不可以仕忠謀轉政禍必及已退隱深山身乃

不殆

豫　卵與石鬭糜碎無處挈瓶之使不爲憂懼

隨　五心六意岐道多怪非君本志生我恨悔

蠱　雨雪載塗東行破車旅人無家利益咨嗟

臨　尚刑懷義月出平地國亂天常咎徵滅亡

觀　東行破車步入危家衝門穿射無以爲主賣袍續食糟糠

不飽

噬嗑　逐禽出門并失玉丸往來井上破甑缺盆

賁　孟春醴酒使君壽考南山多福宜行賈市稻梁雌雉所至

利喜

剥　持刃操肉對酒不食夫亡從軍少子入獄抱膝獨宿

無妄蹄牛傷暑不能成畝草萊不墾年歲無有

大畜　南邦大國鬼魅滿室謹聲相遂爲我行賊

顛　噂噂所言莫如我恒歡樂堅固可以長安

大過　堯舜禹湯四聖敦仁允施德音民安無窮旅人相望未同

坎　朝卿　桎梏拘獲身入牢獄髡刑受法終不得釋耳閉道塞求事

離　不得　桀跖並處民困愁苦行旅遲遲留連齊魯

咸　孔嘉　求雞獲雛買鱉失魚出入釣敵利得無饒齊姜宋子婚姻

恒　兩師駕駟風伯吹雲秦楚爭強施不得行

遯　仲冬無秋鳥鵲飢憂困於米食數驚鷐鴠

大壯　三羝上山俱至陰安遂到南陽見其芝香兩崖相望未同

154

易學經典文庫

枕床

晉　飛至日南還歸遼東雌雄相從和鳴雝雝解我迴春

明夷　堯飲舜舞禹拜上酒禮樂所豐可以安處保我淑女

家人　太乙置酒樂正起舞萬福攸同可以安處綏我齟齒

睽　白馬驪驪生乳不休富我商人得利饒優

蹇　宛馬疾步盲師坐御目不見路中止不到

解　春桃萌生萬物華榮邦君所居國樂無憂

損　把珠入口蓄爲玉寶得吾所有欣然嘉喜

益　襦燒袴燔臝剝飢寒病瘁凍攣

夬　水沫沉浮沮濕不居爲心疾憂

姤　行如桀紂雖禱不祥命衰絕周文王之祀

萃　蟬蜻戴盆不能上山脚推跛�Ⅰ傷其顏

升　長子入獄婦饋母哭霜降愈甚鄉晦伏法

困　求犬得兔請新遇故雖不當路踰吾舊舍

井　鳥鳴葭端一呼三顛搖動東西危而不安靈祝禱祉疾病

無患

革　天厭禹德命興湯國祓社舋鼓以除民疾

鼎　陰霧作匿不見白日邪徑迷道使君亂惑

震　猿墮高木不踒手足握珠懷玉還歸我室　益之豫

艮　三驪負衡南取芝香秋蘭芬馥盛滿匣匱利我少姜　蒙之隨

　有晦

漸　春生夏乳羽毛成就舉不失宜君臣相好益走奔北終無

歸妹東行破車遠反室家天命訖終無所禱凶

豐　九雁列陳雌獨不羣爲鷃所牽死於庖人

旅　二人輦車徙去其家井沸釜鳴不可以居

巽　閉塞復通與善相逢甘棠之人解我憂凶

兌　賦斂重數政為民賊柯軸空虛去其家室

渙　怒非其怨貪垢腐鼠而呼鵲鴟自分失餌致被殃患

節　簪跌帶長幽思窮苦粉貌小瘦以病疾降

中孚　三人俱行各別採桑蘊其筐管留我嘉旅得歸無咎四月

　來處

小過　逐鳩南飛與喜相隨并獲鹿子多得利崎雖憂不危

既濟　驅羊南行與禍相逢狼驚吾馬虎盜我子悲恨自咎

未濟　東隣西國福喜同樂出得隋珠留獲和玉俱利有喜

焦氏易林卷第六

無妄之第二十五

無妄　夏臺羑里湯文厄處皐陶聽理岐人悅喜西望華夏東歸

無咎

乾　儋耳穿胸僵離旁春天地易紀日月更始蝮螫我手痛為

吾毒

坤　慈母之恩長大無孫消息褵褵害不入門

屯　僞言妄語傳相詿誤道左失跡不知鄉處

蒙　鬱怏不明陰積無光日在北陸萬物彫藏

需　王母多福天祿所伏居之寵光君子有昌

訟　不耕而獲家食不給中女無良長子徒足踦齒善市商人

有息

師　火起上門不為我殘跳脫東西獨得生完不利出鄰病疾

憂患

比　持刀操肉對酒不食夫亡從軍長子入獄抱膝獨宿

復之

剝

小畜　鰌鰕去海遊於枯里街巷迫狹不得自在南北四極渴餧

成疾

履　啞啞笑喜與歡飲酒長樂行觴千秋起舞拜受大福

泰　登高上山賓于四門吾上得懽福為我根

否　天厭周德命我南國以禮靜民兵革休息

同人　壅過隄防水不得行火光盛陽陰蜺伏匿走埽其鄉

大有　海河都市國之奧府商人受福少子玉食

謙　東行避兵南去不祥西逐凶惡北迎福生與喜相逢

豫　東家中女媒母寂醜三十無室媒伯勞苦

易學經典文庫　校宋本刊

隨　破亡之國天所不福難以止息

蠱　駿駕塞驢日暮失時啓者無憂保我樂娛

臨　蝘蜓充側佞幸傾惑火謁橫行正道雍塞

觀　三毁五謗相隨俱行迷入空澤循谷直北經涉六駿爲所

噬嗑　戴喜抱子與利爲友天之所命不憂危殆荀伯勞苦未來

傷賊

賁　王母

剝　織縷未就勝折無後女工多能亂我政事

行露之訟貞女不行若子無食使道雍塞

復　昇張烏號彀射天狼鐘鼓不鳴將軍振旅趙國雄勇闘死

榮陽

大畜　延頸望酒不入我口商人勞苦利得無有夏臺姜里雖危

坎之
井

復喜
冠帶南遊與喜相期邀於嘉國拜為逢時

願
減衰

大過
東西觸垣不利出門魚藏深水無以樂賓爵級摧頹光威

坎
兩母十子轉息無巳五乳百雛驊騮驪駒

離
重黎祖後司馬太史陸氏之災雕害悲苦

咸
內執柔德止訟以默宗邑賴福禍災不作

恒
采唐沫鄉要期桑中失信不會憂思約帶
（一作牛驪同堂）
（郭氏以亡國破）

遯
宮成立政衣就缺袂恭謙為衛終無禍尤
（爲墟君奔走逃巽之乾師之噬嗑）

大壯
麒麟鳳凰子孫盛昌少齊在門利以合婚招衣彈冠貴人

所歡

晉 亂危之國不可涉域機發身頓遂至僵覆

明夷 千雀萬鳩與鵙為仇威摯不敵錐衆無益為鷹所擊

家人 衆神集聚相與議語南國虐亂百姓愁苦興師征討更立

聖主 剝之未濟屯之

節 小畜之豫

睽 顏淵閔騫以禮自閑君子所居禍災不存

蹇 三桓子孫世秉國權爵世上卿富於周公

解 鶴鳴九皋處子失時載土販鹽難為功巧

損 方軸圓輪東行不前組囊以錐失其事便還師振旅兵革

益 魚擾水濁桀亂我國駕龍出遊東之樂邑天賜我祿與生

休止 行文 二句疑

為福

夬 白虎黑狼伏司亦長遮遏牛羊病我商人

姤　履危不安跌我顏傷踵為癩

萃　三人輦車乗入旁家王母貪叨盜我資財亡失犁牛

升　三雁南飛俱就井地鰕鰌饒有利得過倍

困　鷹栖茂樹猴雀往來一擊獲兩伏不枝梧

井　堯舜欽明禹股肱伊尹往來進禮登堂顯德之徒可以

革　輔王　枯旱三年草葉不生粢盛空乏無以供靈

鼎　口方緩唇為和樞門解釋鉤帶商旅以歡

震　麂䴥池水高陸為海江河橫流魚鱉成市千里無牆鸑鳳

艮　游行　亨魚失刀駕馬車亡鉛刀不及魴鯉腥臊

漸　戎狄蹲踞無禮貪叨非吾族類君子攸去

歸妹　渡河踰水濡溺其尾不寫禍憂捕魚遇蟹利得無幾

豐　河水小魚不宜勞煩苛政苦民君受其患

旅　偃武修文兵革休安清人逍遙未歸空閒

巽　九疑鬱林沮濕不中鸞鳥所去君子不安

兊　持猾逢虎患獸不起遂至懼國與福笑語君王樂喜

渙　狗生龍馬公勞嫗苦家無善駒折悔為咎

節　嬰孩求乳慈母歸子黃麞悅喜得其甘餌

中孚　有兩赤鷁從五隼噪操矢無括趣釋爾財扶伏聽命不敢

動搖

小過　伊尹智士去桀耕野執順以強文和無咎

既濟　逐鹿西山利入我門陰陽和調國無災殃長子東遊須其

三仇
二句疑
衍文

善藏

未濟龍興之德周武受福長女宜家與君相保長股遠行狸且

大畜朝鮮之地箕伯所保宜人宜家業處子孫求事大喜

大畜之第二十六

乾　金柱鐵關堅固衛災君子居之安無憂厄

坤　轉禍爲福喜來入屋春成夏囤可以飲食保全家室

屯　水暴橫行緣屋壞牆決決溢溢市師驚惶居止不始與母

相保

蒙　虎豹熊羆遊戲山隅得其所欲君子無憂旅人失利市空

無人

需　躬體履仁尚德止訟宗邑以安三百無患

訟　江淮易服玄黃朱飾靈公夏徵哀相無極高位崩顛失其

師　不虞之患禍至無門奄忽暴卒痛傷我心　明夷之

寵室

比　三塗五岳去危入室凶禍不作桀盜堯服失其寵福貴人

有疾

小畜配合相迎利心四鄉昏以為期明星熠熠欣喜君興所言

得當

履　三手六身莫適所閞更相搖動失事便安箕子佯狂國乃

泰　虎卧山隅鹿過後胸弓矢設張會為功曹伏不敢起遂全

不昌

否　麟鳳執獲陰雄失職自衛反魯猥昧不起祿福訖巳

其軀得我美草　大有　之訟

同人　欒子作殃伯氏誅傷州犂奔楚失其寵光

大有　黄帝出遊駕龍騎馬東至太山南過齊魯王良御左文武

何答不利市賈

謙　齊魯爭言戰於龍門遘怨致禍三世不安

豫　道禮和德仁不相賊君子往之樂有其利

隨　嫗妬公姥毀益亂頼使我家憒利得不遂

臨　崔鬼北岳天神貴客溫仁正直主布恩德閔哀不已蒙受

蠱　一巢九子同公共母柔順利貞出入不殆福祿所在

大福

觀　三雎逐蠅陷隤釜中灌沸弇燈與母長決

噬嗑　東山西陵高峻難升滅夷掘壘使道不通商旅無功復反

其邦

賁　常得自如不逢禍災福祿自來

范子妙材　戮辱傷膚　然後相國　封為應侯

剥

狼虎結集　相聚為保　伺噬牛羊　道絶不通　病我商人

復

不直杜公　與我爭訟　媒伯無禮　自令塞雍

無妄

上天樓臺　登降受福　喜慶自來

頤

三羊上山　東至平原　黃龍服箱　南至魯陽　貌其佩囊執綬

大過

車中行人無功

天地閉塞　仁智隱伏　商旅不行　利深難得

坎

延陵適魯　觀樂太史　車轄白顛　知秦興起　卒兼其國一統

離

為主

纍戢甲兵　峎放馬牛　徑路開通　國無凶憂　朽墻不鑿疾病

咸

難治

牛驥同堂　郭氏以亡　國破為墟　君奔走逃

恒

遯　大尾小腰重不可搖棟撓榱壞臣爲君憂陽大之言消不
爲患使我復安

大壯　太一置酒樂正起舞萬福攸同可以安處綏我齫齒指空
無餌不利爲旅

晉　飲酒醉酗跳起爭鬪伯傷叔僵東家治喪

明夷山險難登渭中多石車馳轊擊重載傷軸載擔善躓跌蹉
右足

家人爭訟不已更相咨詢張事弱口被髮北走耳順從心躬行
至仁不須以兵天下太平

睽　心志無良傷破妄行觸牆觚壁不見戶房先王閉關商旅
委弃

蹇　寧夬鷗鴉治成御災綏德安家周公勤勞

解 清人高子久在外野逍遙不歸思我慈母

損 兩虎爭鬬服劍無處不成仇讐行解卻去

益 天女推床不成文章南箕無舌飯多沙糖虛象盜名雄雞

夬 折頸
太子扶蘇走出遠郊佞幸成邪改命生憂慈母之恩無路

姤 致之
寒暑相推一明一微赫赫宗周光榮滅衰

萃 雞狗相望仁道篤行不吠昏明各安其鄉周靡和餌國富

升 民有八極蒙祐
窻牖戶旁道利明光賢智輔聖仁施大行家給人足海內

困 殷昌
雨雪三日鳥獸飢乏旅人失宜利不可得幾言解患以療

紛難危者復安

井　白鵲銜珠夜食爲明骨潤渥優國歲年豐中子來同見惡

不凶

革　從豕牽羊與虎相逢雛鷟不凶

鼎　梟雁啞啞以水爲宅雌雄相和心志娛樂得其所欲絕其

患惡　歸妹　大有之

震　逐狐平原水過我前深不可涉暮無所得

艮　窟室蓬戶寒賤所處十里望烟散渙四方形體滅亡下入

深淵終不見君

漸　雜紂之主悖不可輔貪榮爲人必定其咎聚斂積實野在

鄙邑未得入室

婦妹　倉庫盈億年歲有息商人留連雖父有得陰多陽少因地

豐　火山不然釣鯉失綸魚不可得利去我比三人同福以興

周國君子安息

巽　載風雲母遊觀東海鼓真千里見吾愛子

旅　童女無媒不宜動搖安其居廬傅母何憂

兌　鴻盜我襦逃於山隅不見武迹使伯心憂

渙　視夜無明不利遠鄉閉門塞牖福爲我母

節　三狗逐兔子東北路利以進取商人有得

中孚　武王不豫周公禱謝載璧秉珪安寧如故

小過　同載共車中道別去爵級不進君子不興

既濟　六雁俱飛遊戲稻池大飲多食食飽無患舉事不遂商旅

作憤

未濟符左契右相與虐亂乾坤利貞幸生六子長大成就颯然

如母不利爲咎

願之第二十七

願　家給人足頌聲並作四夷賓服干戈卷閣

乾　思初道古哀吟無輔陽明不制上失其所

坤　江河淮海天之奧府眾利所聚賓服饒有樂我君子

屯　三雁俱行避暑就涼適與鴇遇爲繳所傷

蒙　秋南春北隨時休息處和履中安無憂凶

需　履危無患跳脫獨全不利出門傷我左踝疾病不食鬼哭

訟　其室　東家凶婦怒其公姑毀拌破盆弃其飯餲使吾困貧

師　泥滓洿辱弃捐溝瀆眾所笑哭終不顯祿

比　一旦往暮還各與相存身無凶患

小畜　六翮長翼夜過射國高飛冥冥昇氏無得

復　蜂蠆之門難以止息嘉媚之士為王所食從去其室

泰　放狐乘龍為王道東過時不及使我憂龏

否　雹梅零堕心思情憤亂我蔲氣

同人　長女三嫁進退多態牝狐作妖夜行離憂

大有　轉轉輪輪驅車東西盛盈必毀高位崩顛

謙　乘船道濟載水逢火賴得無患蒙我生全

豫　至德之君政仁且溫伊呂股肱國富民安

隨　生不逢時困且多憂無有冬夏心常悲愁

蠱　南歷玉山東入生門登福上堂飲萬歲漿

臨　大斧破木讒人敗國東關二五禍及三子晉人亂危懷公

頤

坎　天下雷行塵起不明市空無羊疾人憂凶三木不辜脫端

大過六龍俱怒戰於阪下倉黃不勝旅人難苦

憤憤

大畜說以內安不離其國室家相懽幽囚重閉疾病多求罪亂

無妄棟橈撓壞廊屋大敗宮關空廊如冬枯樹

復　夏臺幽戶文君厄虞虎侯飲食岐人悅喜

喜來

剝　弱足刖跟不利出門商賈無贏折明為患湯火之憂轉解

賁　羣虎入邑求索肉食大人禦守君不失國

噬嗑隨陽轉行不失其常君安於鄉國無咎殃

觀　一室百孫公悅婦歡相與笑言家樂以安

出走

家邦

離　一指食肉口無所得染其鼎鸞舌饒於腹

咸　喜笑不常失其福慶口辟言疢行者畏忌

恒　毛生毫背國樂氏富侯于有德

遯　獷豕童牛童傷不來三女同堂生我福人

大壯　江河淮海盈溢為害邑被其瀨年困無歲

晉　兩虎爭鬭股瘡無處不成仇讎行解欲去

明夷　五嶽四瀆潤洽為德行不失理民賴恩福

家人　載車乘馬南逢若子與我嘉喜雖憂無咎

睽　缺囊破筐空無黍稷不媚如公弃於冀牆

蹇　殺行桃園見虎東西螳螂之敵使我無患

解　飢人入室政衰弊極抱其彝器奔於他國因禍受福

損　庭燎夜明追古傷今陽弱不制陰雄坐戾

益　懸狟素湌食非其任尖輿剝廬休坐從居

夬　喜門福善繒帛盛熾日就爲得財寶敵國

姤　執綏登車驂乘東遊說齊解燕霸國以安

萃　水深無桿塞難何游商伯尖利庶人愁憂

升　三鳥鵉鵉相隨俱行南到饒澤食魚與梁君子樂長見惡

困　不傷
　　遠視目眇臨深苦眩不離越都旅人留連

井　終風東西散渙四方終日至莫不見子懼

革　言無要約不成券契殷叔季姬公孫爭之彊入委禽不悅

鼎　於心
　　牛馬聾瞶不知聲味遠賢賤仁自合亂憒疾病無患生福

震　從商近游飽食無憂圉圉之困中子見凶

　　在門

艮　據斗連樞順天無憂與樂並居

漸　姬顗姜望爲武守邦藩屛燕齊周室以彊子孫億昌

歸　妹亡羊束澤循隄直北子思其母復返其所

豐　張鳥關口舌直距齒然諾不行政亂無緒

旅　載船逢火憂不爲禍家在山東入門見公

巽　絶言異路心不相慕虵子兩角使我心惡

兌　鼻頂移徙若不安坐枯竹復生失其籠榮

渙　殷商以亡火息無光年歲不長殷湯光明

節　文王四乳仁愛篤厚子畜十男無有折夭

　中孚熊羆豺狼在山陰陽伺鹿取獐道候畏難

宋本焦氏易林（吳門黃氏士禮居十六卷本）

179

小過彫葉被霜獨蔽不傷駕入喜門與福爲婚

既濟黃離白日照我四國元首昭明民賴恩福漢有游女人不

可得

不昌係疾爲殃

未濟順風直北與歡相得歲熟年樂邑無寇賊長女行嫁子孫

大過之第二十八

大過典冊法書藏閣蘭臺雖遭亂潰獨不遇災

乾　日在北陸陰蔽陽目萬物空虛不見長育

坤　鬼泣哭社悲商無後甲子昧爽殷人絕祀

屯　涉塗履危不利有爲安坐垂裳乃無災殃門戶自開君憂

　　不昌

蒙　陽失其紀枯木復起秋葉冬華君不得息

需　大樹之子百條共母當夏六月枝葉盛茂鸞鳥以庇召伯

避暑翩翩偃仰甚得其所

訟　秉鉞執炎挑戰先驅不從元帥敗破爲憂

師　啓室開關逃得釋宄夏臺羑里湯文悅喜

比　衰滅無成淵溺在傾狗吠夜驚家乃不寧枯者復華幽人

　　無憂

小畜西鄰少女未有所許志如委衣不出房戶心無所處傳母

　　何咎

復　狗吠夜驚履虺頭頸危者弗傾惠滅不成

泰　當年少寡獨與孤處雞鳴犬吠無敢誰者我生不辰獨婁

　　寒苦

否　無道之君毘哭其門命與下國絕得不食

否圖

宋本焦氏易林（吳門黃氏士禮居十六卷本）

181

同人　乘龍南遊夜過糟丘脫厄無憂贈絕駑傷羿不得羹

大有　馬躓車傷長舌破家東關二五晉君出走

謙　瓜蜚飽實百女同室苦醢不熟未有妃合

豫　晨風文翰大舉就溫昧過我邑咢無所得

隨　溰溰泥泥塗泥至轂馬濘不進虎噴我足

蠱　膠車駕東與雨相逢故革懈惰頹輪獨坐憂不爲禍

臨　六家作權公室剖分陰制其陽唐叔失明

觀　去室離家來奔大都火息復明姬伯以昌商人失功

噬嗑　牧羊稻園聞虎喧謹危懼喘息終無禍患

賁　嬰孩求乳母㱕其子黃麂覓喜

剝　廓落失業跨禍度福利無所得

復　出入無時憂禍爲災行人失牛利去不來老馬少駒勿與

夊居

無妄　風怒漂水女感生疾陽失其服陰孽為賊

大畜　車馬病傷不利越鄉幽人元亨去晦就明

頤　三奇六耦各有所主周南召南聖人所在德義流行民悅

以喜

坎　坐爭立訟紛紛忽忽卒成禍亂災及家公

離　憂凶為殘使我不安從之南國以除心疾

咸　愛我嬰女牽引不與冀幸高貴反得不興

恒　宜行賈市所聚必倍載喜抱子與利為市

遯　坐席未溫憂來扣門踰墻北走兵交我後脫於虎口

大壯　赤帝懸車廢職不朝叔帶之災居于汜盧

晉　子畏於匡厄困陳蔡明德不危竟自免害

明夷逐雁南飛馬疾牛罷不見魚池失利憂厄牢戶之冤脫免

無忌

家人惟簧上山高仰重難終日至暮不見阜巔

睽　憂不為患福在堂門使吾偃安

蹇　春桃始華季女宜家受福多年男為邦君

解　高山之巔去谷億千雛有兵寇足以自守

損　過時歷月役夫顦顇處子嘆室思我伯叔

益　太微復明說升傅巖乃稱高室疾在頭頸和不能生滅其

令名

夬　旁多小星三五在東早夜晨行勞苦無功

姤　東鄉煩煩相與笑言子般鞭箠圍人作患

萃　鼻移在頭枯莖復生下朽上榮家乃不寧其金不成

升　蝦蝶羣聚，從天請雨，雲雷疾聚，應時輒下，得其願所

困　大步上車，南到喜家，送我貂裘，與福載來

井　賊仁傷德，天怒不福，斬刘宗社，失其宇守

革　從獧見虎雛危，不殆，終已無咎

鼎　領素行德卒，蒙祐福，與尧侑食，君子有息

震　利在北陸，寒苦難得，憂危之患，福為道門，商叔生存

艮　四塞六盲，足痛難行，終日至暮，不離其鄉

漸　臺駼昧子，明知地理，障澤宣流，封君河水

嶠妹　畜水得時，以備火災，柱車絆馬，郊行出旅，可以無咎

豐　歲暮花落，君衰於德，勞寵損墜，陰奪其室

旅　夏販蔡悲，千里為市，黄葉殭鬱，利得無有

巽　仲春巡狩，東見群后，昭德允明，不失其所

宋本焦氏易林（吳門黃氏士禮居十六卷本）

兌　柳潔縲縲結締難解嫫毋衘嫁媒不得坐自爲身禍

渙　鳥鳴庭中以戒災凶重門擊柝備憂暴客

節　朝齏暮霞灑我衣襦退無得牛

中孚　抱璞懷玉與桀相觸詘坐不中道無良人

小過　兩心相悅共其柔筋夙夜在公不離房中得君子意

既濟　載餽如田破鉏失食苗穢不闕獨飢於年

未濟　甘露醴泉太平機關仁德咸應歲樂民安　屯之　謙

焦氏易林卷第七

坎之第二十九

坎　有黃鳥足帰呼季玉從我雎陽可辟刀兵與福俱行有命

久長

乾　太王爲父季歷孝友文武聖明仁德興起弘張四國載福

綏厚

坤　猨墮高木不踒手足保我金玉還帰其室

屯　重耳恭敏遇讒出處比奔狄戎經涉齊楚以秦代懷誅殺

蒙　倚鋒攄戟傷我胸臆拜折不息

需　狗冠雛步君失其居出門抵山行者憂難水灌我園高陸

坎　為泉

訟　衆鳥所翔中有大壯爪牙長頭爲我驚憂

師　雷行相逐無有休息戰於平陸爲夷所覆

比　禹鑿龍門通利水泉同注滄海民得安土

小畜　堯舜仁德養賢致福衆英積聚國無寇賊商人失利來爭

履　陸居少泉山高無雲車行千里塗不汚輪渴爲我怨思佳思

寶貨

泰　朝視不明夜不見光皆抵空床季女奔亡愴爲心傷

廣得

否　齊魯求國仁聖輔德進禮雅言定公以安

同人　束帛玄圭君以布德伊呂百里應聘輔國

大有　棘鉤我襦爲絆所拘靈巫拜禱禍不成災東山之邑中有

土服可以饒飽

易學經典文庫

謙 門燒屋燔爲下所殘西行出戶順其道理虎卧不起牛羊

歡喜

豫 墻高厳日崑崙醫月遠行無明不見懼叔

隨 天地際會不見內外祖辭遣送與世長決

蠱 深水難涉塗難至縠牛罷不進灣陷我疾

臨 羊驚狼虎獼猴群走無益於僵爲齒所傷

觀 履虵蹑虺與虺相視驚哭失氣如騎虎尾

噬嗑 車驚人墮兩輪脫去行者不至主人憂懼結締復解夜明

爲喜

賁 南販比賈與怨爲市利得自治

剥 延陵適魯觀樂太史車轄白顛知秦興起卒兼其國一統

爲主

大壯乘船渡濟載氷逢火賴得免患蒙我所恃

遯 鮑瓜之德宜繫不食君子失與官政懷憂

恒 金革白黃宜利戒市嫁娶有息商人悅喜

咸 風塵瞑迷不見南比行人失路復反其室

無緒

離 陰生麋鹿鼠舞鬼哭靈龜陸蒙釜甑草土仁智盤桓國亂

大過府藏之富王以振貸捕魚河海罟網多得

我憂解吾思愁

頤 欲飛無翼鼎重折足失其喜利苞羞爲賊上妻之家喜除

大畜恭寬相信履福不始從其邦域與喜相得

無妄獐鹿同走自燕嘉喜公子好遊他人多有

復 出門逢患與禍爲怨更相擊刺傷我手端

晋　道途多石傷車折軸與市為仇不利客宿

明夷　託寄之徒不利請求結袊無言乃有悔患

家人　三羊爭妻相逐奔馳終日不食精氣竭罷

睽　退惡防患見在心苗日中之恩解釋倒懸

蹇　兩足四翼飛入嘉國寧我伯姊與母相得

解　寒露所降凌制堅冰草木瘡傷花落葉亡

損　后稷農功富利我國南畝治理一室百子

益　設網張羅捕魚圉池網吾自決雛得復失厄訴之患受其

低懽

夬　路與縣休侯伯恣驕上失其盛周室衰微

姤　逐走追亡相及扶桑復見其鄉使我悔喪

萃　履祿綏厚載福受祉衰微復起繼世長久疾病獻麥晉人

升　赴告

升　鰥寡孤獨祿命苦薄入宮無妻武子哀悲

困　山没丘浮陸爲水魚燕雀無巢民無室廬

井　冠帶南遊與福喜期徼于嘉國拜爲逢時

革　東行亡羊失其羝羊少婦無夫獨坐空廬

鼎　探巢捕魚耕田捕鱔費日無功右手空虛

震　東行飲酒與喜相抱福吾家利來從父母水澤之徒望邑

艮　妄怒失精自令畏悔忪忪之懼君子無咎

　　而處

漸　白雲如帶往往旗處飛風送迎大電將下撃我禾稼僵死

　　不起

歸妹　南至之日陽消不息北風烈寒萬物藏伏

192

豐　火中仲夏鴻雁來舍體重難移未能高舞君子顯名不失

其譽

旅　北行出門覆陷顛蹐足據塗汚我襦袴

巽　輕車醊祖焱風暴起促亂祭器飛揚錯華明神降佑道無

害冠

兊　酒為歡伯除憂來樂福喜入門與君相索使我有德

渙　三足狐烏靈明瞀郵司過訽惡自賊其家毀敗為憂

節　三河俱合水怒踴躍壞我王屋民飢於食

中孚南行橐園惡虎畏班執火銷金使我無忠

小過求鹿過山與利為怨闇聾不言誰知其懼

既濟行旅困戹失明守宿圖圄之憂啓執出遊

未濟據辣履厄跌刺為憂夫婦不和亂我良家

離　時乘六龍為帝使東達命宣上無所不通

乾　執轡四驪王以為師陰陽之明載受東齊

坤　春秋禱祝解過除憂君子無咎

屯　坐車乘軒據國子民虞叔受命和合六親

蒙　開戶下堂與福相迎祿于公室曾孫以昌

需　高木腐巢漏濕難居不去甘棠使我無憂

訟　三女為姦俱遊高園倍室夜行與伯笑言不忍主母為設

師　漏巵盛酒無以養老春貸黍稷年歲實有優道坦坦平安

何咎

比　松栢枝葉常茂不落君子惟體日富安樂

小畜　夫婦不諧為燕攻齊良弓不張騎駟憂凶

復　出令不勝反為大災強不克弱君受其憂

泰　奔牛相錯敗亂緒業民不得作

否　載璧秉珪請命于河周公克敏冲人瘳愈

同人　素車僞馬不任重頁王侯出征憂危為咎

大有　大樹之子同條共母比至火中枝葉盛茂

謙　雍遏隄防水不得行火盛陽光陰蜺伏藏走婦其歸

豫　五岳四瀆合潤為德行不失理民賴恩福

隨　駕駿南遊虎驚我羊陰不奉陽其光顯揚言之謙謙奉義

解患

蠱　早霜晚雪傷害禾麥損功弃力飢無所食

臨　岐周海隅有樂無憂可以避難全身保財

觀　陰蔽其陽目暗不明君憂其國求駟得黃駒犢從行

噬嗑金城鐵郭上下全力政平民歡冠不敢賊

賁　平公有疾迎醫秦國和不能知晉人赴國

剝　戴堯扶禹從喬彭祖西過王母道里夷易無敢難者

復　羔羊皮革君子朝服輔政天德以合萬國

無妄攘鐘鼓翼將軍受福安帖之家虎狼與憂復危不強師行

何咎

大畜嫡庶不明孽亂生殃陳失其邦

頤　鳥驚狐鴻國亂不寧上弱下強為陰所刑

大過六月采芑征伐無道張仲方叔克勝飲酒

坎一被綉夜行不見文章安坐玉堂乃無咎殃長子帥師得其

正常

昧暮乘車東至伯家蹄梁越河濟脫無他

東風解凍和氣兆升年歲豐登

三貍搏鼠遮過前後無於圍域不得脫走

綏德孔明履祿久長貴且有光疾病憂傷

三虎搏狼力不相當如摧壅祐一擊破亡

使伯東乘恨不肯行與叔爭訟更相毀傷

抱空握虛鴞驚我雛利去不來

李花再實鴻升降集仁哲以興隆國無賊

東山皋洛勇捍不服金玦玩好衣爲身賊

飛文污身爲邪所牽青蠅分白貞孝放逐

南山大木文身其目制命出令東里田畝尊主安居鄭國

無患

盆　泉起崑崙東出玉門流爲九河無有憂患

夬　命短不長中年夭傷思泣哭堂哀其子亡

姤　君臣不和上下失宜宗子哭歌

萃　苛政日作蝝食華葉割下啖上民被其賊秋無所得

升　南行戴鎧登場九魁車傷牛罷日暮咨嗟

困　春東夏南隨陽有功與利相逢

井　頭尾顛倒不知緒處君失其國

革　言無要約不成券契殷叔季姬公孫爭之強入委禽不悦

子南

鼎　缺破不成胎卵不生不見其形

震　見虵交悟惜蚖畏惡心乃無悔

艮　河水孔穴壞敗我室水深無涯魚鱉傾倒

漸　五嶽四瀆地得以安高而不危敬慎避患

歸妹　南至之日陽消不息北風烈寒萬物伏藏

豐　五利四福俱佃居邑黍稷蔵茂多獲高積

旅　公孫駕車載遊東齊延陵子産遺季紵衣疾病哀悲

巽　交亂當道民困愁苦望羊置群長子在門

兌　金玉滿室忠貞乘危三老凍餓鬼奪其室求魚河海網舉

渙　必得

　　日入幽慝陽明隱伏小人勞心求事不得

節　頻逢社飲失利後福不如子息舊居故處申請必與乃無

　　大悔

中孚　南有嘉魚駕黃取遊魴鱮謵謵利來無憂

小過　黃裳建元文德在身祿祐洋溢封為齊君賈市無門股肱

既濟　口不從心欲東反西與意乖戾動舉失使

未濟　虎狼之鄉日爭凶訟叨爾為長不能定從

咸之第三十一

咸　雌單獨居歸其本巢毛羽憔悴志如死灰

乾　十窓多明道里通利仁智君子國安不僵

坤　心惡來悷衝衝何懼顏伯子騫尼父聖母

屯　鳥鳴呼子哺以酒脯高樓水處來歸其母

蒙　國馬生角陰孼萌作變易常服君失于宅

需　入宇多悔耕石不富衡門屢空使士失意

訟　情懦行賈遠涉山阻與旅為市不危不殆利得十倍

師　梁破橋壞水深多畏陳鄭之間絕不得前

比　雙鳧俱飛欲歸稻池經涉雚澤為矢所射傷我胸膺

小玄謾誕不成倍梁減文許人賣牛三失爭之失利後時公孫

　　懷憂

履　南國凶飢民食糟糠少子困捕利無所得

泰　狗吠非主狼虎夜擾驚我東西不為家咎

否　望龍無目不見手足入水求玉失其所欲

同人　以鹿為馬欺誤其主聞言不信三口為咎黃龍三子中樂

大有　養幼新婚未能出門登宋望齊不見太師

　　不殆

謙　王孫季子相與為友明允篤誠升擢薦舉

豫　山水暴怒壞梁折柱稽難行旅留連愁苦

隨　鵻鳩徙巢西至平州遭逢雷電破我葦蘆室家飢寒思吾

蠱　故初

登高傷軸上阪弃粟販鹽不利買牛折角

臨　祝駝王孫能事鬼神節用綏民衛國以存饗我吉酒眉壽

多年

觀　九里十山道却峻難牛馬不前復反來還 還一
作道

噬嗑枯樹不花空淵無魚蕉鳥飛翔利弃我去

賁　雄狐唯唯登上山巓昭告顯功大福乃興

剝　啞啞笑喜相與飲酒長樂行觴千秋起舞拜受大福

復　大椎破轂長舌亂國床第之言三世不安

無妄男女合室二姓同食婚姻孔云宜我孝孫

大畜千仞之墻禍不入門金籠鍱疏利以辟兵欲南上阪轉萬

復　不轉還車復反

202

顧　華言風語自相詿誤終無凶事安寧如故

大過　沉沉栢舟流行不休耿耿窹寐公懷大憂仁不遇時退隱

窮居

坎　大尾小頭重不可搖上弱下強陰制其雄

離　一身三口語無所主東西南北迷惑失道

恒　南行求福與喜相得封受上賞鼎足輔國　晉之謙同

遯　過時不歸苦悲雄惟徘徊外國與母分離

大壯　堯舜在國陰陽和得涿聚衣常晉人無殃

晉　周城之降越裳夷通疾病多祟鬼哭其公鳥子野心宿客

不同

明夷　申酉脫服牛馬休息君子以安勞者得懽

家人　凱風無母何恃何怙幼孤弱子爲人所咎

宋本焦氏易林（吳門黃氏士禮居十六卷本）

睽　出門上堂從容牖房不失其常天牢北戶勞者憂苦

蹇　天厭周德命與南國以禮靜民兵革休息

解　常葉折衝佐闘者傷暴臣失國良臣破狄

損　合歡之國嘉喜我福東岳西山朝齊成恩

益　耕石不生弃禮無名縫衣失針襦袴不成

夬　聾聳闇聵跛倚不行坐尸爭骸身被火災因其多憂

姤　長生太平仁政流行四方歸德社稷康榮

萃　桀跖並處民之愁苦擁兵荷粮戰於齊魯合亝同牢姬姜

並居

升　南與凶俱破車失襦西行無袴亡其寶賂

困　空槽注器豚羸不至張弓祝雞雄父飛去

井　望尚阿衡太宰周公藩屏湯武立爲王侯

易學經典文庫

革　朝鮮之地箕子所保宜家宜人業處子孫

鼎　昔憂解笑故貧今富載策履善與福俱遇

震　叔迎伯兄遇卷在陽君子季姬並坐鼓簧

艮　順風縱火芝艾俱死三官集房十子中傷　剝之坤　作三害

漸　駕車入里求鮮魴鯉非其肆居自令失市君子所往安無

危咎

歸妹　抜劍傷手見敵不起良臣無佐困辱爲咎

豐　亂君之門佐鬪傷跟營私貪祿身爲悔殘東下泰山見我

所歡

旅　慈母望子遙思不已久客外野使我心苦

巽　魴生淮郤一轉爲百周流四海無有患惡

兌　甘露醴泉太平機關仁德感應歲樂民安

否　牝馬牝駒歲字不休君子衣服利得有餘

同人南行懷憂破其金輿安坐故廬乃無災患

大有憂人之患履傷浮願爲身禍殘篤心自守與喜相抱

謙　咸陽辰巳長安戌亥上陵生上非魚鱐市可以避不終無

豫　凶咎

不知何孫夜來扣門我慎外寢兵戎且來

隨　昧旦不明暗我無光喪滅失常使我心傷

蠱　江陰水側舟楫破之孤不得南豹無以比雊欲會盟河水

絕梁

臨　神之在丑逆破爲咎不利西南人休止後

觀　然諾不行欺天誤人使我靈宿夜歸溫室神怒不直思擊

無目欲求福利適反自賊

噬嗑　攘臂極肘怒不可止狼戾很無與爲市

賁　販馬賣牛會值虛空利得尠少留連爲憂

剝　高樓陸處以避風雨深堂邃宇君安其所牝雞之晨爲我

利弗求得弗得

復　阿衡服箱太乙載行逃時歷舍所之吉昌

無妄　飛來之福入我嘉室以安吾國

大畜　不孝之患子爲母殘老耄莫養獨坐空垣

頤　南過棘門鉤裂我冠鬭之傷襦使君恨憂

大過　重或射卒不知所定質疑著龜孰可避大明神報答告以

肌如

坎　驎麏鳳稚安樂無憂捕魚河海利踰從居

離　新田宜粟上農得穀君子推德千百以福

咸　簪短帶長幽思苦窮瘵蠱小瘦以病之隆

遯　爭訟之門不可與隣出入爲憂生我心患

大壯　朽根枯株不生肌膚病在心腹日以焦勞

晉　雨師娶婦黃嚴季子成禮就昏相呼南上脊我下土歲年

大茂

明夷　冬採微蘭地凍堅難利走失比暮無所得

家人　昧之東域誤過虎邑失我熊齒飢無所食

睽　日莫閉目隨陽休息箕子以之乃受其福舉首多言必爲

　　悔殘

蹇　蔘蕭瀼瀼君子龍光鳴鸞雍雍福祿來同

解　鳥飛無翼兔走折足雖不會同未得醫工

損　五勝相賊火得水息精光消滅絕不長續

益　東資齊魯得駃犬馬便辟能言巧賈善市八隣併戶請火

不與人道閉塞𤞤守其宇

夬　爭雞失羊亡其金囊利不得長陳蔡之患賴楚以安

姤　九登十陟馬跌不前管子佐之乃能上山

萃　東鄰愁苦君亂天紀甘貪祿寵必受其咎意合志同自外

相從見吾伯公

升　三狸捕鼠遮遏前後死於壞城不得脫走

困　狼虎爭強禮義不行兼吞其國齊晉無主

井　五岳四瀆合潤爲德行不失理民賴息福

革　六月種黍歲晚無雨秋不宿酒神失其所先困後通與福

　　相逢

鼎　駃牝龍身日取三千南上蒼梧與福爲婚道里夷易身安

震　出入休居安止相憂上室之權虎為季殘

艮　南山昊天剌政關身疾病無辜背增為仇

漸　蒼耳東從道頓跂跽日辰不良病為祟禍

歸妹　兄征東燕弟伐遼西大克勝還封君河間

豐　播輸折輈馬不得行堅牛之讒賊其父兄布裹不傷終身

旅　駕之南海晨夜不止君子勞疲僕使燋苦

無殘

巽　怨亂燒被忿怒生禍偏心作難意如為亂

兌　張狂妄行竊食盜粮狗吠非主醫傷我足

渙　警蹕戒道先驅除害王后親桑以率群功安我祖宗

節　門戶乏食困無誰告對門不通莫所歸急種藏五穀一花

中孚 敝蔽復貌危者得安鄉善無患商人有息利來入門

小過 噩噩畾畾如其之室一身十子古公治邑

既濟 三娥治民不勝其任兩馬爭車敗壞室家

未濟 敝鏡無光不見文章少女不市弃其邻王

焦氏易林卷第八

宋本焦氏易林（吳門黃氏士禮居十六卷本）

遯之第三十三

遯　三塗五岳陽城太室神明所保獨無兵革

乾　軟弱無輔不能自理意在外野心懷勞苦蜼憂無殆

坤　周成之隆刑措無凶太宰讚佑君子作仁

屯　穴有孤鳥坎生蝦蟆象出萬里不可得捕

蒙　俱為天民雲過吾西伯氏嫉妒與我無恩

需　三手六目政多煩惑皐陶瘖聾亂不可從

訟　德積不輕辭王釣耕三媒不巳大福來成

師　堅固相親日篤无患六體不易執以安全雨師駕西濡我

比　方內不行輻摧輪傷馬楚跙甚受子閔時

小畜　畜牝無駒養雞不雛羣羊三歲不生兩頭

履　老耄罷極無取中直懸輿致仕得歸鄉里

泰　縮緒亂絲手與為哭越畝逐兔斷其禪襦

否　海老水乾魚鱉盡索藁落无潤獨有沙石

同人　入市求鹿不見頭足終日至夜竟無所得

大有　築門雍戶虎臥當道驚我驋騮不利出處

謙　陶朱白圭善賈息資公子王孫富貴不貧

豫　壽考　王良善御伯樂知馬周旋步驟行中規矩止息有節延命

隨　堯問伊舜聖德增益使民不懼安無悚惕

蠱　昭公失常季氏悖狂遜齊處鄆袁其寵身

臨　昏暮不行候待旦明從住止後未得相從

観
安上宜官一日九遷升擢超等牧養常山

噬嗑去惡就凶東西多訟行者無功

貢
老馬垂耳不見百里君子弗特商人莫取無與爲市

剝
蝸螺生子深目黑醜似類其母雛或相就衆人莫取

復
百足俱行相輔爲強三聖翼事王室寵光

无妄容民畜衆復德有信大人受福童蒙憂惑利無所得

大畜左跌右僵前躓觸桑指摭石傷其弟兄老蠶不作家無

織帛貴貨賤身久留連客

顧
昏人宜明賣食老昌國祚東表號稱太公

大過敝笱在梁魴逸不禁漁父勞苦藏空乾口

坎
盛中後跌衰老復掇盈滿減毀疾羸肥腯鄭昭失國重耳

與立

離　折亡破甕使我困貧與母生分別離異門

咸　野有積庚牆人駕取不逢虎狼暮歸其宇

恒　襁褓孩呱冠帶成家出門如賓父母何憂

大壯　陳力就列官職並廢手不勝盆失其寵門

晉　積雪大寒萬物不生陰制庶士時本冬貧

明夷　龍鬭時門失理傷賢內畔生賊自為心疾

家人　狗畏猛虎依人為輔三夫執戟伏不敢趨身安无咎

睽　南山高罡囬𧮲難登道里遼遠行者无功憂不成凶惡亦

　　消去

寒　逢時陽遂富且尊貴

解　求我所欲得其利福終身不辱盈盛之門高屋先覆君失

　　邦國

損　安坐至暮　禍灾不到　利詰奸妖　罪人弗赦

益　膠車駕東　與雨相逢　五桨解喧　頓軸獨宿　憂爲身禍

夬　擇日高飛　遂至東齊　見孔聖師　使我和諧

姤　陳嫣敬仲　兆與齊姜　乃適營上　八世大昌

萃　缺埤无埤　難從東西　毀破我盆　泛弃酒食

升　中夜狗吠　盜在盧外　神光祐助　消散解去

困　雷車不藏　隱隱西行　霖雨三旬　流爲河江　使國憂凶

井　老河虛空　舊井無魚　利得不饒　避患東隣　禍入我門使我

革　福德之士　歡悅日喜　夷吾相國　三歸爲臣　賞流子孫

鼎　清人高子　火屯外野　逍遙不歸　思我慈母

震　驄驪黑鬖　東歸高鄉　白虎推輪　蒼龍把衡　朱雀導引虛烏

載遊逐扣天門入見真君馬安人全

艮　路多枳棘夾剌我足不利旅客爲心作毒

漸　端坐生患憂來入門使我不安

歸妹　小阪之市利不足喜二世積仁蒙其祖先匪躬之言狂悖

爲患

豐　登高望時見樂无憂求利南國與寶相得

旅　疏足息肩有所忌難金城鐵廓以銅爲關藩屏自衛安上

巽　無患

江水沱氾思附若子伯仲受歸不我肯顧姪娣悔恨

兌　牙蘖生達陽倡於外左手執籥公言錫爵

渙　雲夢苑囿萬物蓄熾犀象玳瑁荆人以富

節　渠戎萬里晝夜愁苦㟮甲戎服雖荷不賊鷹鸇之殘害不

能傷

中孚 鐵基逢時稷契皐陶貞良願得微子解囚市空無虎譸誕

妄語

小過 騎騅與蒼南賈太行逢駁猛虎為所吞殤葬於渭陽

既濟 出門東行日利時良步騎與駟經歷宗邦暮宿北燕與樂

相逢

未濟 酒為歡伯除憂來樂福善入門與君相索使我有得

大壯之第三十四

大壯 左有噬熊右有齧虎前觸鋩矛後蹎強弩無可抵者

乾 金齒鐵牙壽考宜家年歲有儲貪利者得離其咎憂

坤 家給人足頌聲竝作四夷賓服干戈囊閣

屯 獼猴冠帶盜載非位眾犬嘈吠狂走厥足

蒙　心患其身不念安存忠臣孝子爲國除患

需　君不明德臣亂爲惑丞相命馬胡亥失所

訟　東行西窮南北无功張伯賣鹿從者失羊

師　鹿下西山欲歸其羣逢羿箭鋒死於矢端

比　明夷兆初三日爲災以讒後歸名曰堅牛剝亂叔孫餒卒

虛上

小畜泰失嘉居河伯爲恠還其御璧神怒不祐織組无文燒香

履　德至之君禍不過隣使我世存身无患災

弗芬

泰　衆惡之堂相聚爲殃出毒良人使道不通

否　三痴六狂欲之平鄉迷惑失道不知昏明

同人　老弱无子不能自理郭氏雖憂終不離咎管子治國侯伯

之服乘輿八百尊祀祖德

大有 褰后生蛇經老皆微追跌衰光酒滅黃離

謙 驄驪黑鬣東歸高鄉白虎推輪蒼龍把衡遂至夷傷不離

豫 咎殃　信謫龍且塞水上流半涉決囊楚師覆凶

隨 有葦季女爲王妃后貴夫壽子母字四海

蠱 德被八表蠻夷率服蚤賊不作道無咎慝

臨 載日精光驂駕六龍祿命徹天封爲燕王

觀 纓急縮頸行不得前五石示象襄霸不成

噬嗑 蛇失其公載麻當喪哀悲哭泣送死離鄉

賁 回賫不安兵革爲患掠我妻子客屬飢寒

剝 乘風雨橋與鳥飛俱一舉千里見吾愛母

八八一

之一

復	雷霆所擊誅者五逆磨滅無迹有懼方息
无妄	張氏揖酒請謁左右王叔枯槁獨不蒙所 作平 王一
大畜	坐爭立訟紛紛匈匈卒成禍亂災及家公
頤	霜降閉戶蟄蟲隱處不見日月與死為伍
大過	鼠聚生恠為我患悔道絕不通商旅失意
坎	寒暑不當軌度失常一前一後年歲鮮有
離	築室水上危於一齒丑寅不徙辰卯有咎
咸	畜雞養狗長息有儲耕田得黍王母喜舞
恒	東壁餘光數暗不明主母媢妒亂我業事
遯	剛柔相傷火爛銷金鵰鷹制兔伐楚有功
晉	鄭國譏多數被楚憂商人愁苦民困無聊 走鬭于虎口白 一本云三豕俱 豕不勝死 于坎下

明夷　弓矢其張把彈弦折九發不至道過害患

　　　家人舉觴飲酒未得至口側弁醉酗援劍相怒武侯作悔

睽　元缺此行

　　　元缺此行

蹇　元缺此行

　　　穿穿相宜利倍我北循邪詭道逃不可得南北望邑遂歸

解　入室

　　　壽如松喬與日月俱常安康樂不離禍憂

損　出門望東伯仲不來疾病爲患使母憂歎

益　太姒之孫周文九子咸遂受成寵貴富有

夬　桃李花實累累日息長大成熟甘美可食爲我利福

姤　婚禮不明男女失常行露反言出爭我訟

萃　空穿漏敝破桴殘缺陰弗能完瓦碎不全

旅　追獵東走兔逝我後吾銳不利獨空无有

相室

豐　顧念所生隔在東平遭離瀰沸河川決潰幸得无恙復歸

歸妹　五烏六鷗相對蹲趺禮讓不興虞芮爭訟

漸　陽氏狂惑季孫亂憤陪臣執政平子拘折我心不快

艮　出入節時南北无憂行者亞至在外歸來

震　晨風文翰大舉就溫昧過我邑昇无所得

鼎　長尾蹊她畫地為河深不可涉絕無以比惆然憤息

革　舉袂覆目不見日月衣裘杖机就其夜室

井　鰥寡孤獨福祿苦薄入室無妻武子哀悲

困　道濕為坑轉陷蹎彊南國作譚使我多畏

升　數窮廓落困於歷室往登玉堂與堯侑食

巽

犬吠非主　上下膠擾　敵人襲戰　閡王逃走

兗

嵩高岱宗　峻直且神　觸石膚寸　千里蒙恩

渙

陳魚觀社　佷荒踰矩　爲民開緒　亡其祖考

節

四壁无戶　三步一止　東西南北　利不可得

中孚

求君衣裳　情不可當　觸譚西行　爲伯生殃　君之上歡　得其

安存

小過

春鴻飛東　以馬貿金　利可得深

既濟

禾生垂蠹　還自剋賊　使我无得

未濟

桀亂无道　民散不聚　倍室棄家　逃遁出走

晉之第三十五

乾

一衣三冠　无所加元　衣服不來　爲我災患

晉

銷鋒鑄耜　休牛放馬　甲兵解散　夫婦相保

宋本焦氏易林（吳門黃氏士禮居十六卷本）

坤　百足俱行相輔爲強三聖翼事王室寵光

屯　魚蛇之怪大人憂懼梁君好城失其安居

蒙　少無強輔長不見母勞心遠思自傷憂苦

需　前涉漂暑解不可取離河三里敗我利市老牛病馬去之

訟　何悔

　　未復

師　君明有德登天大祿布政施惠以感恩福中子南遊翱翔

比　曉然唯諾敬上尊客執恭禦患侮致福

　　泰稷禾稻垂秀方造中旱不雨傷風病藁

小畜　三嬴六罷不能越跪東賈失馬往反勞苦

履　倚立相望引衣欲莊陰雲蔽日暴雨祈集降我歡會使道

　　不通

泰　高脚疾步受肩善趨日走千里賈市有得

否　北風寒涼雨雪益氷憂思不樂哀悲傷心

同人　貞鳥鳴鳩執一无尤寢門治理君子悦喜

大有　蓼蕭露瀼君子龍光鳴鸞雍和福祿來同

謙　南行求福與喜相得封受上賞鼎足輔國

豫　桑華腐蠹衣弊如絡女功不成絲布為玉

隨　左服易右王良心歡嘉利從己

蠱　壽考不忘駕騑東行之適陳宋南賈楚荆得利息長旅自

臨　多罷畏晝喜夜

觀　鷦鳩徙巢西至平州遭逢雷電破我葦蘆室家飢寒思吾

故初

宋本焦氏易林（吳門黃氏士禮居十六卷本）

噬嗑　大尾小頭重不可搖上弱下強陰制其雄

賁　疏足息肩有所思難金城銅郭以鐵爲關藩屏自衛安止

无患

剝　天命玄鳥下生大商造定四表享國久長

无妄　陰陽隔塞許嫁不答宛上新臺悔往歎息

復　賦斂重數政爲民賊枉軸空虛家去其室

頤　跛行竊視有所畏避斂目伏藏以夜爲利

大畜　願望登虛意常欲逃賈辛醜惡妻不安夫

大過　信敏恭謙敬鬼尊神五岳四瀆克厭帝心受福宜年

坎　懸懸南海去家萬里飛兔腰裏一日見母除我憂悔

離　雖污不辱因何洗足童子褰衣五年平復

咸　宮城立見衣就袂裙恭謙自衛終无禍尤

恒　敝笱在梁不能得魚望貧千里所至空虛

遯　千里駟駒爲王服車嘉其驪𩣡君子有成

大壯　鼎足承德嘉謀生福爲王開庭得心所欲

明夷　右手無合獨折左指禹湯失佐事功弗立

家人　憂凶憎累患近不解心意西東事無成功

睽　東行食榆困於枯株失妻無家志窮爲憂

蹇　五經六紀仁道所在正月繁霜獨不離咎〔離當作雅〕

解　解緩不前惕息失便二至之戎家無禍凶刻水象形聞言

損　仁愛篤厚不以所忿害其所子從我舊都日益富有

益　缺破不成胎卵未生弗見兆形

夬　摧角不傷雖折復長秉德无騫老賴榮光

宋本焦氏易林（吳門黃氏士禮居十六卷本）

姤　乘桴渡海兔脫厄中雛困无咎

萃　孔鸞鷟雛鶪鶺鴰翺翔紫淵嘉禾之圃君子以娛

升　眾來得願甘露溫潤樂易君子不逢禍亂

困　東騎隨落千里獨宿高岸為谷陽失其室

井　八才既登以成善功庵降庭堅國无憂凶

革　邯鄲反言父兄生患竟涉憂恨卒死不還

鼎　五銳鐵順倉庫空虛買市无盈與利為仇

震　白鳥銜餌鳴呼其子施技張翅來從其母

艮　學靈三年聖且明神先見善祥嘉吉福慶餌吉知來告我

无咎

漸　雲尊蒸起失其道理傷害年穀神君之精　大疑當　作私

歸妹　春耕有息秋入利福獻貔大獮以樂成功

豐　羸豕蹢躅虎入都邑遮遏在右國門救至（一作勑急）

旅　東行西維南北善迷逐旅失群亡我襦衣

巽　居室之倫夫婦和親小人乘車碩果失養

兌　東方孟春乘氷戴盆俱危不安終身所歡

渙　風吹塵起十里无所南國年傷不可安處

節　重載傷車婦夫无夫三十不室獨坐空廬

中孚　敗牛羸馬與利爲市不我嘉喜

小過　日出阜東山蔽其明章甫薦屨箕子佯狂

既濟　出入門所與道開通杞梁之信不失日中少季渡江來歸

　　其邦疾病危亡

未濟　邑兵衛師如轉蓬時居之危凶

明夷之第三十六

明夷　他山之儲與璆為仇來攻吾城傷我肌膚邦家騷憂

乾　踐履寒氷十步九尋雖有苦痛不為憂病

坤　太公避紂七十隱處卒逢聖文為王室輔

屯　日月之塗所行必到无有患悔

蒙　諷德訟功美周盛隆旦輔成周光濟冲人

需　童女无室未有配合空坐獨宿

訟　穿鼻繫株為虎所拘王母祝祠禍不成災遂然脫來

師　黃帝神明八子聖聰佚受大福天下平康

比　深谷為陵衰者復興亂傾之國民得安息中婦病困遂入

冥室

小畜　道遠遼絕路宿多悔頑嚚相聚生我畏惡

履　旦樹菽豆暮成藿羹心之所樂志快心歡

易學經典文庫

泰　切切之患凶憂不成虎不敢齧利當我身

否　王伯遠宿長婦在室異袍恃食所求不得

同人　寒燠失時陽旱為災雖耗无憂

大有　雖窮復通履危不凶保其明功

謙　狼虎所宅不可以居為我患憂

豫　喋嘾虛耀昧冥相傳多言少實語無成事

隨　履氷蹈凌雖困不窮擒崔登嚴卒無憂凶

蠱　文文墨墨憂禍相雜南北失志東西不得

臨　爭訟不已更相談詢張季弱日被髮北走

觀　德積逢時宜其美才相明輔聖拜受福休長女不嫁後為
　　大悔

噬嗑　江水沱汜思附君子伯仲髮歸不我肯顧姪娣恨悔

賁　光禮春成陳寶雞鳴陽明失道不能自守消亡爲咎

剝　驚虎無患虞爲我言賴得以安

復　僞言妄語轉相註誤不知狼處

无妄　履悖自敵凶憂來到痛不能笑

大畜　牽尾不前逆理失臣惠朔以奔

頤　三狸搏鼠遮過前後死於環城不得脫走

大過　言笑未卒憂來暴卒身墨丹索檻囚裝束

坎　陰積不已雲作滛雨傷害平陸民无室屋

離　山林麓藪非人所處鳥獸无禮使我心苦

咸　新作初陵踚蹈難登三駒推車跌頓傷順

恒　崽微愓愓行續聽絕曠然大通復更生活

遯　鸞子作姝伯氏誅傷州犁奔楚去其邑鄉

大壯　驕胡犬形造惡作凶无所能成還自滅身

晉　陳辭達城使安不傾增榮益譽以成功名

家人　三杷无棗家无積菉使鳩求婦頑不我許

睽　慎禍重病顏子爲友乃能安存牢戶繫羊乃能受慶

蹇　鹿得美草鳴呼其友九族和穆不憂飢乏

解　亡玉失鹿不知所伏利以避危全我生福甘雨時降年歲

有得

損　逢時得當身受福慶

益　鵲思其雄欲隨鳳東順理羽翼出次須日中留北邑復反

其室

夬　環堵简鉏升升屬口貧賤所處心寒昨苦

姤　孤獨特處莫依爲輔心勞志苦

萃　稷爲堯使西見王母拜請百福賜我喜子長樂富有

升　鳴條之郊北奔犬胡左袵爲長國號匈奴王君旄頭立尊

單于

困　絶而復通雖達不窮終得其願姬姜相從

井　陽井悖狂拔劒自傷爲身坐殃

革　方圓不同剛柔異鄉摳井得石勞而无功

鼎　乘風雨會與飛鳥俱動舉千里見我愛母

震　三塗五岳陽城太室神明所扶獨无兵革

艮　鴟鴞取婦深目窈身折腰不媚與伯相背

漸　轉行軌行近不遠旦夕入門與君咲言

歸妹　求利難國逃去我北復歸其城不爲吾賊

難疑當作離

豐　日月之途所行必到无凶无咎安寧不殆

易學經典文庫

旅　管仲遇桓得其願軟膠目啟牢振冠无憂咲戲不止空言

巽　出入蹈踐動順天時俯仰有節禍災不來

妄行豐之困

兌　内崩傷中上亂无恒雖有美粟我不得食

渙　逐禍除患道德神仙遇惡萬里福常在前身樂以安

節　牛驚馬走上下渾擾鼓音不絕頃公奔敗

中孚　西上九陂徃來留連止須時日虚與有德

小過　虎怒捕羊猾不能攘

既濟　湧泉滈滈南流不絕卒爲江海敗壞邑里家無所處將帥

襲戰獲其醜虜

未濟　桃弓葦戟除殘去惡敵人執服

焦氏易林卷第九

家人之第三十七

家人　天命赤鳥與君徽期征伐无道誅其君傲居止何憂

乾　千歲槐根身多芥癬傷瘫撟理枝葉不出

坤　哆哆諤諤虎豹相齚懼畏悚息終无難惡

屯　娶於姜呂駕迎新婦少齊在門夫子歡喜

蒙　膏壤肥澤民人孔樂宜利居止長安富有

需　主有聖德上配大極皇靈建中授我以福

訟　耄老蒙鈍不見東西少者弗慕君不與謀懸興致仕退歸

里居

師　三狂北行道逢大狼暮宿惠澤為禍堪傷

比　更旦初歲振除禍敗新衣元服拜受利福

小畜 杲杲白日為月所食損上毀下鄭昭出走

履 君子失意小人得志亂擾並作姦邪充塞雖有百堯顛不

　　可救

泰 仁德履洽恩及異域澤被殊方福慶隱伏作蠶不織寒无

　　所得

否 東求金玉反得弊石名曰无宜字曰醜惡眾所賤薄

同人 擊鼓合戰士怯叛亡威令不行敗我成功

大有 仲春孟夏和氣所舍生我嘉福國無殘賊

謙 尹氏伯奇父子生離无罪被辜長舌為災

豫 三穀不熟民苦困極駕之新邑嘉樂有德

隨 登虛望賃暮食无飱長子南成與我生分

蠱 東市齊魯南買荊楚羽毛齒革為吾利寶

臨　節情省欲賦斂有度家給人足公劉以富

觀　恭寬信敏功加四海辟去不祥喜來從母

噬嗑　張狂妄作與惡相逢不得所欲生我獨凶

賁　畫龍頭頸文章不成甘言美語詭辭無名

剝　騎龍乘風上見神公彭祖受剌王喬讚通巫咸就位拜壽

無窮

復　溫仁君子忠孝所在八國為隣禍災不處

无妄　威權分離烏夜徘佪羣敵目光大人誅傷

大畜　學靈三年聖且明神先知善祥吉喜福慶神烏來見告我

無憂

頤　東山家辭處婦思夫伊威盈室長股蠃戶歎我君子役日

未巳

大過　張頜開口舌直距齒然諾不行政亂无緒

坎　吹角高邦有夫失羊眾民驚惶驚慎避答勅不行殃

離　南行出城世得福祉王姬歸齊賴其所欲

咸　心狂老悖視聽聲類政令无常下民多尊

恒　安上宜官一日九遷踰羣超等牧養恒山

遯　東鄰嫁女為王妃后莊公築館以尊王母歸于京師季姜

悅喜

大壯　六甲無子己喪其戌五丁不親庚失曾孫癸走出門

晉　陰霧不清濁政亂民孟秋季夏水壞我居

明夷　騎豚逐羊不見所望經涉虎廬亡身失羔

睽　安牀厚褥不婦久宿弃我喜宴困於南國投杼之憂弗成

禍災

易學經典文庫

革　泉涸龍憂箕子為奴干叔隕命殷破其家

井　張牙反目怒齘作怒狂馬燒犬道驚傷軫

困　（避禍逃）狹身外不傷高貴疾顛華落墮凶

升　高樓無柱顛僵不久紂失三仁身死牧野

萃　出門无妄動作失利衡憂懷禍使我多悴（門一作入　至一作妄）

姤　西行求玉冀得隋璞反見凶惡使我驚惑

夬　出門懷憂東上禍上與凶相遇自為災患

益　天馬五道炎火分處往來上下住又駒亡衣裘巾麻相隨

損　剛柔相呼二姓為家霜降既同惠我以仁

解　西賈巴蜀寒雪至穀欲前不得復反其室

蹇　五方四維平安不危利以居止保有玉女

鼎　向食飲酒嘉賓聚會牂羊大猪君子饒有

震　黃牛騂犢東行折角冀得百牂反亡我囊

艮　路多枳棘步刺我足不利旅客爲心作毒

漸　執斧破薪使媒求婦和合二姓親御斯酒居比鄰里姑公

　　悅喜

歸妹駕車出門順時宜西福佑我身安寧無患

豐　日新東從魁杓爲禍僕臺爲秦使我父坐

旅　山陵上墓冢魄室屋精光竭盡長臥无覺

巽　孩子貪餌爲利所悅探把釜甑爛其臂手

兌　何材待時閉戶獨愁蚯蚓冬行解我无憂桑蚕不得女功

　　弗成

渙　解商驚惶散我衣裝君不安邦

節　害政養賊背主入邑跋行不安國危爲悲

中孚　禍走患伏喜爲我福凶惡消亡災害不作

小過　老馬無駒病難不雛三雌獨宿利在山北

既濟　播天舞地撓亂神所居樂无咎

未濟　異國殊俗情不相得金木爲仇酉賊櫝穀

睽之第三十八

睽　倉盈庾億宜稼黍稷年歲有息

乾　被服文衣遊觀酒池上堂見觴喜爲吾兄使我憂亡（蹇之同人）

坤　邑姜叔子天文在手實沉參墟封爲晉侯

屯　攻柯易葉飯溫不食豪雄爭強先者受福

蒙　馨香陟降明德上登社神佑顧命子大鄰

需　老狼白驢長尾大狐前顚卻躓進退遇祟

訟　山没上浮陸為水魚燕雀无盧

師　懿公淺愚不深受謀无援失國為狄所賊

比　鼎煬其耳熱不可舉大塗塞雍旅人心苦

小畜　凶聲醜言惡不可聞君子舍之往恨我心

復　昧暮乘車履危蹈溝亡失羣物摧折兩軸

泰　南有嘉魚駕黃取鮄魴鰔魶利來毋憂

否　隔在九山往來勞難心結不通失其所歡

同人　下流難居狂夫多罷貞良溫柔年歲不富

大有　狐狸雉兎畏人逃去分走竄匿不知所處

謙　異體殊俗各有所屬西鄰孤嫗欲寄我室主毋罵詈終不
可得

豫　怒非怨妬貪得腐鼠而呼鵲鸇自令尖餌致被困恵

隨　五心六意，岐道多怪，非君本志，生我恨悔

蠱　三班六黑，同室共食，日長月息，我家有德

臨　方船備水，旁河燃火，終身无禍

觀　翳屏獨語，不聞朝市，以利居服，兔跛後聞

噬嗑　以處不安，從反觸患

賁　刖劓髡剔，人所賤弃，批捍之言，我心不快

剝　皋田禾黍，墮壞麻皋，衣食我躬，室家饒有

復　兩目失明，日奪无光，脛足跛蹄，不可以行，頓於上傍

无妄　金城朔方，外國多羊，領霜不時，去復為憂

大畜　醫病不醫，亂政傷災，紂作滛虐，商破其墟

頤　鬼泣哭狂，悲傷無後，甲子眛爽，殷人絕祀

大過　炎風卒起，車馳袍褐，弃古追亡，失其和節，心憂惙惙

坎　耆老失明聞善不從自令顛沛敗爲咎殃

離　隨風騎龍與利相逢田獲三狐商伯有功衝衝之邑長安

无他

咸　三牛五羊重明作福使我有得疾人官獄憂在心腹

恒　孟巳乙丑哀呼尼父明德訖終亂害滋起

遯　華燈百枝消暗裏微精光訖盡奄如灰麋

晉　闘戰天門身有何患室家具在不失其歡

大壯　鷹飛雉退兔伏不起弧張狼鳴野雞飛驚

明夷　東家殺牛行逆腥臊神背西顧命襄絶周亳社災燒宋人

夷誅

家人　陰陽辨舒二姓相合婚姻孔云生我利福

蹇　東入海口循流北走一高一下五邑无主十日六夜死於

解　孤竹之墟失婦无夫傷於蒺藜不見其妻東郭棠姜武子

水淶

以亡

損　天戶東墟盡既焉災踒蹲聾泰伯受夬

盇　賴先休光受福之祉雖遭亂潰獨不危殆

夬　折若開目不見稚叔三足孤鳥遠去家室

姤　二人同室兄弟合食和樂相好各得所敬

萃　繼體守藩縱欲廢賢君臣滛遊夏氏失身側室之門福祿

升　老狐屈尾東西焉鬼病我長女坐涕詘指或西或東大華

易誘

困　大樹之子百條共母當夏六月枝葉盛茂鸞鳳以庇召伯

来存

避暑穉穉卬甚各得其所

井　井堙木刊國多暴殘秦王失戍壞其太壇

革　駕黃買蒼與利相迎心獲所守不累弟兄

鼎　庚億畬盈年歲安寧稼穡熟成

震　人生馬淵壽老且神飛騰上天舍宿軒轅居常樂安

艮　思顧所之乃令逢時洗我故憂拜我歡來

漸　魁罡所當初爲敗狹君子留連困於水漿求金東山利在

代鄉賈市有息子載母行

歸妹　鉛刀攻玉无不鑽鑿龍體其舉魯般爲輔三仁翼事所求

必喜

豐　喜來如雲舉家蒙歡衆才君子駕福盈門

旅　響像无形骨體不成微行裹索消滅無名

巽　積水不温北陸苦寒露宿多風君子傷心

兑　黃馬綠車駕之大都讚達才能使我无憂

渙　從風放火艾芝俱死三害集聚十子患傷

節　一身三手无益於輔兩足共節不能克敏

中孚　南向一室風雨並入塵埃積濕主母盲聊偏枯心疾亂我

家資

小過　采薇出車魚麗思初上下促急君子懷憂

既濟　先易後否告我利市騗蘇自苦思吾故止

未濟　生宜地乳上皇大喜隆我祉福貴壽无極

蹇之第三十九

蹇　同載共輿中道別去衰我元夫獨與孤居

乾　叔肸拘冤祁子自邑乘遽解患羊舌兔脫賴得全生

坤　兎聚東郭衆犬俱獵圍缺不成无所能獲

屯　作室山根人以爲安一旦崩頹敗我盤飱

蒙　疾風塵起亂擾崩始強大并小先否後喜

需　潔齊沐浴思明君德哀公怯弱風氏復北

訟　土瘠瘦薄培壞无栢使我不樂

師　襃衣涉河水深漬罷賴幸舟子濟脫无他

比　送我季女至于湯道齊子旦夕留連久處

小畜　三孫六子安无所苦中歲發殆亡我所使

復　揚風偃草塵埃俱起清濁澗散忠直隱處

泰　歷險登危道遠勞疲玄豕自歸困涉天波

否　六藝之門仁義俱存鎡基逢時羌舜爲君傷寒熱溫下至

黃泉

同人 被服文衣遊觀酒池上堂見觴嘉爲吾兄使我憂士

大有 生時不利天命災至制於斧瘢晝夜苦勤

謙 天門開闢牢戶寥廓挂楛解脫拘囚縱釋

豫 川淵難遊水爲我憂多言少實命鹿爲駒建德開基君子

隨 鄉歲逢時與生爲期枝葉盛茂君子无憂

逢時利以仲疑

蠱 六鷊退飛爲衰敗祥陳師合戰左股夷傷遂崩不起霸功

臨 不成

雷君出裝隱隱西行霖雨不止流爲巨江南國以傷

觀 牙孽生齒室蟷啓戶幽人利貞鼓翼起舞

噬嗑 火起上門不爲我殘跳脫東西獨得生完不利出鄰病疾

憂忠

賁　舉事无成不利出征言不可用衆莫能平

剝　老狼白驢長尾大狐前顛却躓進退遇祟

復　日入道極勞者休息班馬還師復我燕室

无妄　林麓山藪非人所處鳥獸无禮使我心苦

大畜　蓄利積福日新其德高氏飲食憂不爲患

顺　受福　張羅百目鳥不得北縮頸掛翼困於窜國君子治德獲譽

坎　跛踦相隨日暮牛罷陵遲後旅失利亡雌

大過　伯虎仲熊德義淵弘使布五教陰陽順序

離　嬴氏達良使孟尋兵師老不已敗於齊卿

咸　日月並居常暗且微高山崩顛上陵爲谿

恒　鳥鵲食穀張口受哺蒙被恩德長大成就柔順利貞君臣

合好

遯　雖躓復起不毀牙齒克兔平復憂除无疾

晉　避凶東走反入禍口制於牙爪骨爲灰土

大壯　草木黃落歲暮无室虐政爲賊大人失福

明夷　欲飛不能志苦心勞福不我求

家人　羔裘豹袪東與福遇駕迎吾兄送我鸛黃

睽　東耕破犁西失良妻災害不避家貧无資

解　魚陸失所息甀困苦澤无蘿蒲晉國以虛

損　脫兔无蹄三步五罷南行不進後市身苦

益　行役未巳新事復起姬姜勞苦不得休止

夬　向日揚光火爲正王消金厭兵雷車避藏陰雨不行民安

其郷

姤　放銜垂轡奔馬不制弃法作奸若失其位

萃　司命下游喜解我憂皇母緩帶嬰子笑喜

升　黃帝出遊駕龍乘馬東上泰山南過齊魯郡國咸喜

困　既往不說憂來禍結北戶爲患无所申雪

井　荷蕢隱名以避亂傾終身不仕遂其潔清

革　折挺春稷君不得食頭痒搔跟无益於疾

鼎　植根不固華葉落去便爲枯樹

震　凶門生患牢戶多寃沙池禿齒使叔困貧

艮　登山履谷與虎相觸猾爲功曹班叔奔北脫之喜國

漸　麟鳳所翔國无咎殃買市十倍復歸惠里

歸妹　路險道難水遏我前進往不利回車復還

豐　延頸望邑恩歸其室臺榭不成未得安息

旅　蒙生株瞿棘掛我須小人妬嫉使恩不遂

巽　南至隱域深潛處匿聰明閉塞與死爲伍

兌　機餌設張司暴子良范叔不廉凶害及身

渙　從騎出門遊戲空城阪高不進利无所得

節　西國疆梁爲虎作狼東吞楚齊并有其王

中孚登山代輻虎在我側王孫无懼仁見不賊

小過六月睽睽各欲有望後來未壯俟時旦明

既濟道涉多阪牛馬蜿蟺車不麗載請求不得

未濟一口三舌相妨无益羣羊百牂不爲威強亡馬失駒家耗

解之第四十

於財

解　駕行出遊鳥鬭車前更相捽滅兵寇旦來回車歫還可以

乾　大都之居无物不具抱布貿絲所求必得

坤　膠著木連不出牢關家室相安

屯　孟伯食長懼其畏王賴四蒙五抱福歸房

蒙　防輿疲駟不任街巷君子服之談何容易

需　許嫁既婚利福在身適惠生桓為我魯君

訟　入門大喜上堂見母妻子俱在兄弟饒友

師　推車上山力不能任顛蹶跌傷我中心

比　鴈飛退去不食其雛禽尚如此何況人與

小畜　福弃我走利不可得幽人利貞終无怨懟

履　夫妻反目不能正室翁云于南姬言還比並后匹嫡二政

亂國

泰　陽衰伏匿陰潛爲賊頼幸王孫遂至喜國

否　入山求玉不見和璞終日至暮勞无所得

同人　鳴鸞四牡駕出行狩合格有獲獻公飲酒

大有　覆手舉牘易爲功刀月正元日平飲致福

謙　三火高明雨滅其光高位疾顛驕恣誅傷

豫　裹糗荷粮與利相逢高飛有德君大獲福

隨　道理和得人不相賊君子往之樂有利福

蠱　水土相得萬物蕃殖骨澤優渥君子有德

臨　天孫帝子與日月處光榮於世福祿繁祉

觀　陪依在位乘非其器折足覆餗毀傷寶玉

噬嗑　鷦飛中退舉事不遂且守仁德猶免失墜

賁　經棘正冠意盈不廉桀紂迷惑讒佞傷賢使國亂煩

剝　申酉退跌陰懸前作柯條花枝復泥不白

復　平正賤使主服苦事

无妄　釣魴河湄水長无涯振手徒歸上下昏迷屬公孫齊

大畜　胎養萌生始見兆形遭逢雷電摧角折頸采芝山頭終安

顧

顧　陽春枯橋夏多水潦霜雹俱擊傷我禾黍年歲困苦

不傾

坎　失恃无友嘉耦出走儌如喪狗

大過　三身六齒痛疾不已齲病蠱缺墮落其宅

離　寅重微民歲樂年息有國无咎君子安喜

咸　登几上車駕駟南遊合散從橫燕秦以強

恒　鳥集茂木順柔利貞心樂願得感戴慈母

遯　啟蟄始生萬物美榮祉祿未成市賈无嬴

大壯　驕胡犬形造惡作凶无所能成還自滅身

晉　異國他土出良駿馬去如奔蛩害不能傷 一作避亡東走 反入禍口制於

木牙胃 為灰土

明夷　恪敬竟職心不作慝君明臣忠民賴其福

家人　三女求夫伺候山隅不見復關長思憂歎

睽　駕福乘喜東至嘉國戴慶南行離我室居

蹇　四姦為殘齊魯道難前驅執父戒守无患

損　下擾上煩蠹蠥為患歲飢无年

益　難雒失雛常畏狐狸黃池要盟越國以昌

夬　堅氷黃鳥終日悲號不見白粒但觀逢蒙數驚鷙鳥鷙為

我憂

姤　王銚鐵顒倉庫空虛市賈無盈與我為仇

萃　窺名盜位居非其家霜隕不實爲陰所賊

升　賊仁傷德天怒不福斬刈宗社失其本域

困　萬物初生蟄蟲振起益壽增福日受其喜

井　和氣所在物皆不朽聖賢居位國无凶咎

革　麟游鳳舞歲樂民喜

鼎　行行窘步次宿方舍居安不懼姬姜何憂

艮　跋躋相隨日莫牛罷陵遲後旅失利亡雌

震　水深難遊霜寒難涉商伯失利旅人稽留

漸　一年九鎖更相牽攣案明如市不得東西請讞得報日中

十　被刑

歸妹　春桃生花李女宜家受福多年男爲邦君

豐　雷鼓東行稼穡凋傷大夫執政君替其明

　季世多憂亂國淫遊殃禍立至民無以休

巽　一發輀溫湯過角宿房宜時布和无所不通

兊　水中大賈求利食子商人至市空无所有

渙　春草萌生萬物敷榮陰陽和調國樂无憂

節　左眇右盲目視不明下民多孽君失其常

中孚　悅以內安不利出門憂除禍消公孫何尤

小過　丹書之信言不貪語易我驎驥君子有德

既濟　上政撓擾螟蚅並起害我嘉穀年歲无稷

未濟　干旄旌旗執職在郊雖有寶珠无路致之

焦氏易林卷第十

一損之第四十一

損　路多枳棘步剌我足不利孤客爲心作毒

乾　鯉鮒鮪鰕勸福多魚資所有无富我邦家

坤　景星照堂麟遊鳳翔仁施大行頌聲作與征者无明失其

　　寵光　節
　　節豫之

屯　羊腸九縈相推稍前止須王孫廼能上天

蒙　四手共身莫失所關更相放接動失事便

需　水流趨下逐至東來求我所有買魴與鯉逐疑作逮
　　　　　　　　　　　　　　　益之无妾

訟　春栗夏棗少鮮希有斗十石萬賣不可販漸
　　　　　　　　　　　　　　　　　否之

師　旦往暮還相佑與聚无有凶患

比　大蛇當路使季畏懼湯火之災切直我膚賴其天幸歸于

龍

生盧 屯之 井

小畜 從足去域飛入陳國有所畏避深藏遂匿

履 海爲水宗聰明且聖百流歸德无有叛逆常饒優足

泰 夏麥彧彧霜擊其芒病君敗國使年大傷 泰之 貞

否 秋隼冬翔數被嚴霜雄父夜鳴家憂不寧

同人 樂仁上德東鄰慕義來安吾國

大有 逐憂除殃污泥生梁下田爲汪

謙 暗昧冥語轉相註誤鬼魅所居誰知臥處

豫 南歷玉山東入玉關登上福堂飲萬歲漿

隨 比目四翼來安我國福善上堂與我同牀

蠱 秉牛逐驥日暮不至路宿多畏亡其騂騅

臨 元吉无咎安寧不殆

觀

奮翅鼓翼翱翔外國逍遙徙倚來歸溫室

噬嗑河伯娶婦東山氏女新婚三日浮雲洒雨露我营茅萬家

之祐

賁 嬰兒求乳慈母歸子黃麃悅喜得見甘飽

剝 貧鬼守門日破我盆毀甖傷瓶空虛無子

復 多載重負損弃於野子無稚子但自勞苦

无妄雄狐綏綏登山崔嵬昭告顯功大福兄興

大畜嬰兒孩笑未有所識彼童而爭亂我政事

頤 十丸同投爲雄所維獨得跳脫完全不虧

大過狐濟濡尾求橘得枳季姁懷悔鮑舍魚黿

坎 跌足息肩所忌不難金城銅郭以鋏爲關藩屏周衛安止

无患

離　戴堯扶禹松喬彭祖西過王母道路夷易无敢難者訟之家人

咸　京庚積聚泰稷以極行者疾至可以厭飽

恒　良天孔姬脅悝登臺樂季不扶叔輒走逃

遯　天之所予福祿常在不憂危殆

大壯　行觸天綱馬死車傷身无悔賴困窮乏粮

晉　鉛刀攻玉堅不可得盡我筋力脹顚為疾

明夷　穆遷百里使孟奮武將軍師戰敗於殽口

家人　有人追亡鳥言所匿不旅日得

蹇　鴻飛遵陸公歸不復伯氏客宿

睽　府藏之富王以賑貧捕魚河海苟罔多得、

解　鳥過稻廬甘樂廣鰌雖驚不去田畯懷憂

益　雨師娶婦黃岩季予成禮既婚相呼面南膏澤應時年豐

大喜

夬　蓄積有餘糞土不居美哉輪奐出有高車

姤　重門擊柝介士守護終有他道雖驚不懼

萃　大都王市稠人多寶公孫宜賈其貸萬倍

升　秋隼冬翔數被嚴霜甲兵當庭萬物不生雄犬夜鳴氏擾

以驚

困　招禍致凶來螫我邦痛在手足不得安息

井　秦失其鹿疾走先得勇夫慕義君子變服

革　山陵四塞遏我逕路欲前不得復還故處

鼎　一拍食肉口无所得舌嘵於腹

震　晨夜驚駭不知所止皇母相佑卒得安處

艮　豺狼所言語无成全誤我白馬使乾口來

漸　呼精靈來鬼生无憂疾病愈瘥解我患愁

歸妹　牧羊逐兔使魚相捕任非其人卒歲无功不免辛苦

豐　堂祥上樓與福俱居席地妃治國安无憂

旅　禹召諸神會稽南山執玉萬國天下康安

巽　太姒文母乃生聖子昌發受命為天下主

兌　兩置同室兔无誰告與狂相觸棠我以惡

渙　桃雀竊脂巢於小枝動搖不安為風所吹寒恐悚慄常憂

節　殆危　陽春長日萬物華實樂有利福（一作春陽歲長萬物成）（實福利所鍾忻忻過日）

中孚　鄰不我顧而望玉女身疾瘡癩誰肯媚者

小過　涸旱不雨澤竭无流魚鱉乾口皇天不憂

既濟　狼虎之鄉日爭凶訟受性貪饕不能容縱

未濟陰注陽疾水離其室舟楫大作傷害黍稷民飢於食亦病

益之第四十二

心腹

益　文王四乳仁愛篤厚子畜十男无有折夭

乾　下堂出門東至九山逢福值喜得其安閒

坤　城上有鳥自名破家招呼鴆毒為國患災

屯　伯虎仲熊德義淵聞使敷五教陰陽順序

蒙　飲酒醉酣跳起爭鬭手足紛挐伯傷仲僵東家治喪

需　四日相視稍近同機日映之後見吾伯姊

訟　隨時逐便不失利門多獲得福富於封君

師　隴西冀北多見駿馬去如焱飇害不能傷

比一　白龍黑虎起伏俱怒蚩尤敗走死於魯首　同人之比
　　　　　　　　　　　　　　　　　　　　　蒙之坎

小畜　鴻飛戾天避害紫淵雖有鋒門不能危身

履　平國不君夏氏作亂烏號竊發靈公隕命

泰　江漢上遊政逆民憂陰伐其陽雄受其殃

否　東家殺牛聞臭腥臊神怒不顧命衰絕周亳社災燒妄夷

誅愁

同人　西誅不服恃強負力倍道趨敵師走敗覆

大有　一婦六夫亂擾不治張王季疾莫適爲公政道雍塞周君

失邦

謙　配合相迎利之四鄉昏以爲期明星煌煌欣喜奐澤所言

得當

豫　猿墮高木不踡手足握金懷玉還嶧其室　蒙之隨訟之　艮否之臨

隨　卷領遁世仁德不害三聖攸同周國茂興、　震　需之

易學經典文庫

蠱　去患脱厄安无怵惕上福喜堂見我懽悦

臨　帶季兒良明知權兵將師合戰敵不能當趙魏以強

觀　鵲思其雄欲隨鳳東順理羽翼出次湏日中留北邑復反

噬嗑　其室

賁　噬嗑耳如驚鹿不能定足室家分散各走匿竄

　　甲乙丙丁俱位我庭三丑六子入門見母

剝　躔華顛觀浮雲風不搖雨不薄心安吉无患咎

復　德施流行利之四鄉雨師洒道風伯逐㹟巡狩封禪以告

无妄　水流趍下遂成東海求我所有買鱣與鯉　損之 鱣鯉 需

大畜　和氣相薄膏潤津澤生祉嘉穀

　　成功

頤　憂驚以除禍不成災安全以來

大過　堅冰黃鳥常哀悲愁不見白粒但覩藜藋高藪驚驚鳥飄鶴

　　我憂

坎　　翕翕輠輠實隊戹顛滅其命身　泰之謙
　　　　　　　　　　　　　　　否之離

離　　因禍致福喜盈其室

咸　　佳居千里不見河海无有魚市

恒　　鹿得美草鳴呼其友九族和睦不憂飢乏　同人
　　　　　　　　　　　　　　　　　　　　之蹇

遯　　出門得堂不逢禍殃入戶自若不見予戰

大壯　囂尊重席命戎嘉客福祐久長不見禍殃

晉　　鳴鴻俱飛北就魚池鱣鮪鰛鯉多饒所有一笱獲兩利之

　　過倍

明夷　當風奮翼與鳥飛北入我嘉國見吾慶室

家人　麒麟鳳凰善政得祥陰陽和調國无災殃

274

睽　逐狐東山水遇我前深不可涉失其後便

塞　丑戌亥子飢饉前生陰陽暴客水絕我食

解　狐狸雄兔畏人逃去分走竄匿不知所處

損　桀跖惡人使德不通炎旱爲殃年穀大傷

夬　兔乳在室行來雀食虎誤我子長號不已

姤　土階明堂禮讓益與雄一相得使民无疾　疾一作疫

萃　送金出門并失玉九往來井上破甕壞盆

升　諷德誦功美周盛隆加其旦輔光濟沖人

困　盜竊滅身貳毋不親王后無當璽失寶貝靈

井　六目驟驟各欲有至專此念衆談得旦明

革　雀行求粒誤入罟罻賴仁君子復脫歸室

鼎　仁德孔明患禍不傷期誓不至□人銜恤

震　龜厭江海陸行不止自令枯槁失其都市雖憂無咎

良　孤獨特處莫依為輔心勞志苦

漸　伯仲言留叔子云去雖自无咎主母大喜

歸妹　初憂不安後得笑懼雖懼无患

豐　好戰亡國師不以律稱上殞滅齊侯狠戾其被災祟

旅　鹿在澤陂豺傷其麀泣血獨哀

巽　天地閉塞仁智隱伏商旅不行利潤難得

兑　福德之士歡悦日喜夷吾相桓三歸為臣貲流子孫

渙　上无飛鳥下乏走獸亂擾未治民勞於事

節　據斗運樞順天无憂與樂並原　謙之　觀

中孚　戴瓶望天不見星辰顧小失大福逃盧外

小過　月削日衰工女下機宇宙滅明不見三光

既濟　操戟刺魚　被髮立憂　虎脫我衣　狼取我袍亡馬失財

未濟　兩人俱醉　相與悖戾　心乖不同　爭訟匈匈

夬之第四十三

夬　戴堯扶禹　松喬彭祖　西過王母　道里夷易　无敢難者

乾　狼戾美謀　无言不殊　尨厭帝心　悅以獲佑

屯　雞鳴失時　若騷相憂　犬吠不休　行者稽留

坤　歲暮花落　陽入陰室　萬物伏匿　絕不可得

蒙　息駕遊涇　君子以寧　履德不怨　福祿來成

需　薄為藩蔽　勁風吹却　欲上不得　復歸其宅

訟　東行破車　步入危家　衡門垂倒　无以為主　賣袍續食糟糠

不飽

師　青牛白咽　呼我俱田　歷山之下　可以多耕　歲稔時節民人

比　安寧　異國殊俗情不相得金木為仇百賊擅殺

小畜　陰陽精液高熟晚拆治卵成毗肇生頭目日有大喜

履　飢蠱作害偏多亂纏緒不可得

泰　清冷如雲為兵導先民人寃急不知西東

否　班馬旋師以息勞疲役夫嘉喜入戶見妻

同人　坐爭立訟紛紛匈匈卒成禍亂災及家公

大有　鹿食美草逍遙求飽日暮後門過期乃還肥澤且厭

謙　田鼠野雛意常欲去拘制籠檻不得搖動

豫　月起日步周遍次舍歷險致遠无有難處

隨　天孫帝子與日月處光榮於世福祿祉祉

蠱　晨風文翰大舉就溫眛過我邑罞无所得

臨　旦生夕死名曰嬰鬼不可得視

觀　疾貧望仕使伯南販開牢擇羊多得大牂

噬嗑　長城驪山生我大殘涉叔發難唐叔爲患

賁　娶於姜呂駕迎新婦少齊在門夫子歡喜

剝　隨時春草舊枝葉起扶踈條桃長大美盛華沃鑠舒

復　姬姜既歡二姓爲婚霜降合好西施在前

頤　二室靈臺文所止遊雲物備故長樂无憂

大畜　始加元服二十繫室新婚既樂伯季有得

无妄　戴笠獨宿晝不見日勤苦无代長勞悲思

大過　久陰霖雨塗行泥潦商人依山市空无有

坎　城壞壓境數爲齊病侵伐不休君臣擾憂上下屈竭士民

無肚

離、南國盛茂黍稷醴酒可以饗養樂我嘉友

咸一憂在心腹內崩為疾禍起蕭墻意如制國

恒一朽根刖樹花葉落去卒逢火焚隨風僵仆

遯　樹表為壇相與期言午中不會寵名弃廢

大壯四足俱走奴疲在後德戰不勝敗於東楚

晉　執轡西朝回還故處麥秀傷心叔父无憂

明夷長夜短日陰為陽賊萬物空枯藏於北陸

家人鳴鳩七子均而不殆長大成就弃而合好

睽　三羊上山馳至大原黃龍員舟遂到夷傷究其玉囊

蹇　手足易處頭尾顛倒公為雌嫗亂其蠶織

解　登高望家役事未休王政靡臨不得逍遙

損　畏昏不行候待旦明燎獵受福老賴其慶

益　狐獨特處莫依无輔心勞志苦

姤　山石朽破消崩墜上下離心君受其咎

萃　文母聖子無疆壽考為天下主人受其福

升　倔偓加俄前後相違言如驚咳語不可知

困　五龍俱超強者敢走露我苗稼年歲大有

井　虎除善猛難為功醫騅疲臨車困於街筮

革　江南多蝮螫於千足寬煩詰屈痛徹心腹

鼎　心无所據射鹿不得多言少實語成无事

震　君明主賢鳴求其友顯德之政可以履事

艮　安上宜官一日九遷踰輦越等牧在常山

漸　俊辭解謝除去垢污驚之成患嬰氏醳殘

歸妹　翁狂嫗盲相牽北行欲歸高邑迷惑不得

宋本焦氏易林（吳門黃氏士禮居十六卷本）

豐　醉卧道傍迷旦失明不全我生

旅　北登毘丘駕龍東遊王叔御后文武何憂

巽　恬淡无患遊戲道門與神往來長樂以安

兌　以緡易絲抱布自媒弃禮急情卒悔悔憂

渙　被服大冠遊戲道門以禮相終身无恢患

節　大麓魚池陸爲海涯君子失行小人相攜

中孚淵泉溢出爲我邑棐道路不通孩子心憒

小過十里望烟散渙四分形體滅亡可入深淵終不見君

既濟傳言相誤非奸徑路鳴鼓逐狼不知迹處

未濟東失大珠西行弃襦時多不利使我後起

姤之第四十四

姤　河伯大呼津不可渡往復爾故乃无大悔

乾　蒙被恩德長大成就柔順利貞君臣合好

坤　東山西山各自止安心雖相望意不同堂

屯　登山上谷與虎相觸獨爲功曹班叔奔北脫之嘉國 _{屯之噬嗑}

蒙　躓跛未起尖利後市

需　結珠懷履卑斯以覒爲君奴婢

訟　雞鳴失時民僑勞苦厖吠有威行者留止

師　陳嬌敬仲示兆興姜乃寓營上八世大昌 _{比之豫}

比　鹿畏人匿俱入深谷短命不長爲虎所得死於牙腹

・　於心乃適子南

小畜　言无約結不成契券殷叔季女公孫爭之強入委禽不悅

履　鼓瑟歌舞懽遺於酒龍喜張口大喜在後

泰　凶憂災殃日益章明禍不可救三郤夷傷

否　水流趨下遂成東海求我所有買鱣與鯉

同人　陰爲陽賊君不能赴舉動失常利无所得

大有　離床失案龜喪其願都市无會叔季懷恨

謙　雍遏隄防水不得行火慎陽光陰霓伏藏走歸其鄉

豫　蹩屈復伸本乘浮雲貴寵毋前

隨　實沉參虛以義斷割次陸服薪成我霸功

蠱　金泉黃寶宜與我市娶嫁有息利得過母

臨　禹召諸侯會稽南山執玉萬國天下康寧

觀　三虫作蠱踐跡无與勝母盜泉君子不處

噬嗑　花葉墮落公婦宅夷子失民潔白不食

賁　履機懼毀身王子廢終得所欲无有凶害

剝　道理和德仁不相賊君子攸往樂有利福

復·合麴同牟姬姜並居

无妄 關雎淑女賢妃聖偶宜家壽母福祿長久

大畜 騏驥晚乳不知子處旋動悲鳴痛傷我心

頤 智峀絕理陰孽謀生十日不食困於申亥

大過 監諸攻玉无不穿鑿麟鳳成形德象君子三仁翼事所求

必喜

坎 昧暮乘車以至伯家踰梁渡河濟脫无他

離 吾有黍梁委積外場有用服箱運致我藏富於喜粮

咸 喜笑且語不能掩口官爵並至慶賀盈戶

恒 霧露雪霜日暗不明陰孽生疾年穀大傷

遯 伯去我東髮擾如蓬孀寡長歎展轉空牀內懷悵恨摧我

肝腸

大壯　亡羊補牢毋損於憂

晉　販鼠賣卜利少无謀難以得家

明夷　西戎為疾幽君去室陳子發難項伯成就

家人　秋風生哀花落生悲公室多難羊舌氏衰

睽　持福厭患去除天殘日長夜盡喜世蒙恩

蹇　新授大喜福復重來樂且日富是惟豐財

解　前頓却躓左跌右逆登高安梯復反來歸

損　夢飯不飽酒未入口嬰女雖好媒鷹不許

益　大都王市稠人多寶公孫宜賈資貨萬倍

夬　兩人俱醉相與悖戾心平不同爭訟匈匈

萃　身无頭足超蹠空平不能遠之中道廢休失利後時

升　三人俱行六目光明道逢淑女與我驪子

困　進仕爲官不若復田獲壽保年

井　先易後否失我所市騷蘇自苦思吾故土

革　蘇氏發言韓媿无患張子馳說燕齊以安

鼎　武庫軍府甲兵所聚非里邑居不可舍止^{師之}

震　一身三口莫過所與爲孺子牛田氏主咎

漸　不吹柯葉和氣中適若子所在安无怵惕

艮　西山東山各自止安心雛相望竟未上堂

歸妹　將戍擊亥陽藏不起君子散亂太山危殆

豐　天官列宿五神舍室宮闕完堅君安其居

旅　左手把水右手把火如光與魃不可得從

巽　逐狐東山水渴我前深不可涉失利後便

兌　水潰魚室來灌吾邑衝没我家與狗俱遊

渙・山險難登澗中多石車馳轊擊重載傷軸擔員菩躓跌蹉

右足

節　槽空无實豚蝨不食庶民屈蝎離其居室

中孚執熱爛手火爲災咎公孫无賴敗我玉寶

小過三虎上山更相噬齧心志不親如仇與怨

既濟西家嫁子借隣送女嘉我淑姬賓主俱喜

未濟克身潔已逢禹巡狩錫我玄圭拜受福祉

焦氏易林卷第十一

一　萃之第四十五

萃　蒙慶受福有所獲得不利出城病人困棘

乾　碩鼠四足飛不上屋顏氏淵德未有爵祿

坤　新受大喜福履重職樂且日富

屯　赴身整已逢禹巡狩錫我玄圭拜受福祉

蒙　置筐失筥輪破无輔冡伯爲政病我下土

需　機言不發頑不能達齊魯爲仇亡我葵丘

訟　亡錐失斧公輸无輔抱其彝器適君子處

師　家在海隅橈短深流伯氏難行无目以趨

比　德施流行利之四鄉雨師洒道風伯逐殃巡狩封禪以告

萃　成功

小畜　筐傾筥覆喪我公粒簡伯旡禮太師正食

履　泥滓汙辱弃捐溝瀆爲衆所笑終不顯祿

泰　獼猴兔走腥臊少肉漏巵承酒利旡所得

否一　鹿畏人藏俱入深谷命短不長爲虎所得死於牙腹

同人　南山蘭芝君子所有東家淑女生我玉寶

大有　左指右揮邪使佟僇執節旡良靈君以亡

謙　嚻快不明爲濕所傷衆陰羣聚共奪日光

豫　穿鼻繫棘爲虎所拘王母祝禱禍不成災突然脫來

隨　貧鬼守門日破我盆毀甖傷缸空虛旡子

蠱　襄王叔帶鄭人是賴莊公卿士皇母憂苦

臨，　昭君死國諸夏蒙德異類既同宗我王室

觀　冬藪枯腐常風於道蒙被塵埃左右勞苦

易學經典文庫　校宋本刊

噬嗑六爻既立神明喜告文定吉祥康叔受福

賁、泣涕長訣我心不快遠送衛野歸寧无子

剝、三宿无主南行勞苦東里失利喪其珍寶 <small>本卦遯同</small>

復、大斧破木謿佞敗國東間梁玉禍及三子晉人亂邑懷公

出走

无妄乘風上天爲時服軒周旋萬里无有患難

大畜大樹百根北與山連文君作人受福萬年

頤、陽伏在下陰制祐福生不逢時潛龍隱處

大過亂頭多憂掻虱生愁膳夫仲尹使我无聊

坎、江河淮海天之都市商人受福國家富有

離、泰山幽谷鳳凰游宿威儀有序可以來福

咸、山水暴怒壞梁折柱稽難行旅留連愁苦

恒　阿衡服箱太一載行巡時歷舍所之吉昌

遯　三宿无主南行勞苦東里失利喪其珍寶**本卦**
　　剝同

大壯生无父母出門不喜買菽失粟亡我大來

晉　安坐玉堂聽樂行觴飲福萬歲日受無疆

明夷登危入厄四時變易春霜變雪物皆凋落

家人衣穴履穿无以禦寒細小貧窶不能自存

睽　目不可合憂來搔足悚惕恐懼去其邦域

蹇　賣貝贖狸不聽我辭繫於虎鬚牽不得來

解　伯夷叔齊貞廉之師以德防患憂禍不存聲芳後時

損　張王子季爭財相制商君頑嚚不知所申

益　長城旣立四夷賓服交和結好昭君受福

夬　千歡萬忻舉事爲決獲受嘉慶動作有得

姤　種一得十日益有息仁政獲民四國睦親

升　安子富有東國不殃齊鄭和親顯比以喜

困　九里十山道仰峻難牛馬不前復反來還

井　鳩杖扶老衣食百口增添壽考凶惡不起

革　霧露雪霜日暗不明陰孽為疾年穀大傷

鼎　迷行數邪不知東西陰強暴逆道理不通

震　登高上山見王自言信理我冤得職蒙恩

艮　一三世為德天祚以國封建少昊魯侯之福

漸　喬木无息漢女難得橘柚請佩反手難悔

歸妹　東隣西家來即我謀中告吉誠使君安寧

豐　褰衣出戶心欲北走王孫母驚使我長生

旅　三日不飲遠水无酒晝夜焦喉傷毀為咎

巽　衆口銷金愆言不驗腐臭敗兔入市不售

兌　所歡　姬冠應門與伯爭言東家失狗意我不存爭亂忘因絕其

渙　所歡　祚加明德與我周國公劉文母福流子孫

節　針頭刺手百病瘳愈抑按捫炙死人復起

中孚　元龜象齒大賂爲賨稽疑當否衰微復起

小過　故室舊廬消散无餘不如新剏可以樂居

既濟　老狐多態行爲蠱怪驚我主母終无咎悔

未濟　愛子多材起迹空虛避害如神水不能濡

升之第四十六

升　禹鑿龍門通利水泉東注滄海民得安全

乾　白鹿鳴呦呼其老小喜彼茂草樂我君子

坤　百里南行雖微得明去虞適秦為穆國卿

屯　王宜孫喜張名益有龍子善行西得大壽

蒙　畫龍頭頸文章不成所求不得失利後時

需　商子无良相怨一方引剛交爭咎自以當

訟　衰老困極无齒不食痔病痻療就陰為室

師　鳶生會稽稍巨能飛翔翔桂林為眾鳥雄

比　安平不傾載福長生君子以寧

小畜　牛驥同槽郭氏以亡國破為墟君奔走逃

履　日中明德盛興兩國仁聖會遇君受其福臣多榮祿

泰　公劉之居太王所業可以長生拜受福爵

否　時凋歲霜君子疾病宗女无辜鄭受其殃

同人　濟河踰阨脫母怵惕四叔為衛使惠不廢

大有　缺破不完殘療側偏公孫幽遏跛蹄後門

謙　延頸遠望眛爲目病不見叔姬使伯憂心

豫　上无飛鳥下无走獸擾亂未清民勞於事

隨　久陰霖雨塗行泥潦商人休止市空无有

蠱　盲者張目跂蹄起行瞻望日月與王相迎

臨　據斗運樞高步六虛權既在手寰宇可驅國大无憂與樂
　　並居

觀　稼穡不偏重過不傾巧言賊忠傷我申生

噬嗑　金城鋏郭上下同力政平民親寇不敢賊

賁　目鏡不明冬災大傷盜花失實十年消亡

剝　鰥寡孤獨命祿苦薄入室无妻武子悲哀

復　飲酒醉飽跳起爭鬬伯喪叔僵東家治喪

无妄 介紹微子 使君不殆 二國合歡 燕齊以安

大畜 牽牛繫尾 詘折幾死 彫世无仁 不知所在

顧 東龍冤獨 不知所觸 南北困窮 王子危急

大過 疾貧王孫 北陸无禪 祿命苦薄 兩事狐門

坎 公孫駕驪 戴遊東齊 延陵說產 遺季紵衣

離 王良善御 伯樂知馬 文王東獵 獲喜聖事 開福佑賢周發

興起

咸 日月不居 重耳趍舍 遊燕入秦 晉國是霸

恒 假文翰翼 隨風偕比 至虞負國 興愛相得 年歲大樂邑无

盜賊

遯 南行無遯 延頸後食 舉止失利 累為子孫

大壯 開元作喜 建造利事 平準貨寶 海內殷富

晉　三犬俱走鬪於谷口白鷺不勝死於坂下

明夷　驕胡犬形造惡作凶无所能成還自滅身

家人　拜跪贊辭无益於尤大夫頑嚚使我生憂

睽　辰以降婁王駕巡狩廣佑施惠萬國咸喜

蹇　牽輸上樓與福俱居勞躬治國安樂无憂

解　白鳥銜餌鳴呼其子挾施張翅來從其母

損　盲聾獨宿莫與共食老窮於人病在心腹

益　登木出淵稍上升天明德孔聖白日載榮

夬　彭離濟東遷廢上庸狼戾无節失其寵功

姤　讚陽上舞神明生氣拜禹受福君施我德

萃　從首至足部分為六室家離散逐南乞食

困　民迷失道亂我統紀空使乾革實无所有

井 刻畫為飾 嫫母無鹽 毛嬙西施 求事必得

革 居諸日月 遇暗不明 長夜裛中 絕其紀綱

鼎 衣裳顛倒 為王來呼 成就東國 封受大休

震 當變立權 摳解憂難 渙然冰釋 六國以寧

艮 西戎獯鬻 病於我國 扶陜之岐 以保乾德

漸 南行逐羊 予利喜亡 陰孽為病 復返其邦

歸妹 遊戲仁德 日益有福 凶言不至 妖孽滅息

豐 春日新婚 就陽日溫 喜樂萬歲 獲福有年

旅 陰升陽伏 舜失其室 相飾不食 安巢如棘

巽 臣叛主甲 威權日衰 侵奪九光 三家逐公

兌 反言為賊 戎女生患 亂吾家國 父子相賊

渙 迎福開戶 喜隨我後 康伯愷悌 治民以禮

節　日就月將昭明有功靈臺歡賞膠鼓作人

中孚　百草嘉卉萌芽將出昆虫扶戶陽明得所

小過　天所佑助萬國日有福至禍去壽命長久

既濟　窮夫失　占惟守斃盧初憂中懼終日兢兢无悔无虞

未濟　買玉　名失其所欲荷賞擊殼隱世无聲

困之第四十七

困　席多釬刺不可以卧動而有悔言行俱過

乾　鳥鵲合穀張口受哺蒙被恩德長大成就柔順利貞君臣

坤　六鶂退飛爲襄敗祥陳師合戰右股夷傷遂以薨崩覇功

合好　不終

屯　匍匐出走驚惶悼恐白虎王孫蒙收在後呂中无咎

易學經典文庫

蒙　庇盧不明使孔德妨女孽亂國虐政傷仁

需　石鼠四足不能上屋顏氏淑德未有爵祿

訟　襄送季女至於湯道齊子旦夕留連久處

師　麋鹿逐牧飽歸其居還反次舍樂得自如

比　望尚阿衡太宰周公藩舛湯武立為侯王

小畜　開鄘洪緒王迹所基報以八子功得侯時

履　八會大都饒富有餘安民利國可以長居（八疑當作入）

泰　陰雲四方日在中央人雖皆霧我獨昭明

否　薄為災虐風吹雲却欲上不得復歸其宅

同人　昭昭略略非忠信客言語反覆以黑為白

大有　三女為姦俱遊高園背室夜行與伯笑言禍及乃身寃死

困　誰禱

謙　涉尸留鬼大斧所視文昌司過簡公亂死

豫　大足長股利出行道困倉充盈疏齒善市宜錢富家事得

隨　笲筥錡釜可活百口伊氏鼎俎大福所起

升　萬倍

蠱　升高登虛欲有望候駕之北邑與喜相扶

臨　用彼嘉賓政平且均蝝蟲不作民得安寧

觀　桃夭少葉婚悅宜家君子樂胥長利止居

賁　玩好亂目巧聲迷耳賊敗貞良君受其咎

噬嗑　東行失旅不知所處西歸无妃莫與笑語

剝　明德孔嘉萬歲无疆駕龍巡狩王得安所

復　同本異葉樂仁尚德東鄰慕義來與吾國

无妄　戴山崔嵬曰高无頹君主好德賜以家國

大畜築室合歡千里无患周公萬年佑我二人

順　養雞生雛畜馬得駒明堂大學君子所居

大過雷行相逐无有休息戰于平陸爲夷所覆

坎　委蛇循河北至海涯涉歷要荒若世无他

離　鴻聲大視高舉神化背昧向明以道福功

咸　比目四翼異來安吾國福喜上堂與我同床

恒　先縠剻季反謀桓子不從元帥遂行挑戰爲荆所敗

遯　三頭六足欲益東國顏子在邇禍滅不成

晉　南有嘉魚駕黃取鱗魴鯉瀰瀰利來无憂

大壯緣山升木中噴於谷子興失勞黃鳥哀作

明夷遂氣作雲蒙覆大君塞聰閉明殷人賈傷

家人舉翅櫨翼跂望南國延頸卻縮未有所得

宋本焦氏易林（吳門黃氏士禮居十六卷本）

睽　坎中蝦蟆乍盈乍虛三夕二朝形消无餘

蹇　僮子射御不知所定質疑蓍龜孰知所避國安土樂實利

　　止居兵寇不至民无騷擾

解　陰淫寒疾水離其室舟楫大作傷害黍稷民飢於食不无

　　病厄

損　離友絕朋巧言讒匿覆白污玉顏叔哀哭

益　童女无媒不宜動搖安其室廬傅母何憂作傍　傳一

夬　作凶作患圯困貧東與禍連傷我老根

姤　東南其戶風雨不處瞭晲仁人父子相保

萃　被髮獸心難與比隣來如飄風去似絕絃為狼所殘

升　天覆地載日月運照陰陽允作方內四富

升　桀亂无道民散不聚背室棄家君孤出走

華　申酉稷射陰慝萌作柯榦載牧泥塗不白

鼎　踈踦足傷右指病瘳失旅後時利走不來

震　四足俱走驚疲在後戰既不勝敗於東野

艮　塗行破車醜女无媒莫適爲耦孤困獨居

漸　搏髀大笑不知憂懼開立大路爲主所召

歸妹　伯圭東行與利相逢出既遭昧况不相知憂不成凶

豐　東行賊家鄭伯失辭國无貞良居受其殃

旅　前屈後曲形體飭急絞黑大索困於清室

巽　鼓腋大喜行婚飲酒嘉彼諸姜樂我皇考

兌　國將有事狐嘈向城三日悲鳴邑主大驚

渙　明德克敏重華貢舉放勳徵用公哲蒙佑

節　秋隼冬翔數被嚴霜甲兵充庭萬物不生雄父夜鳴民人

擾驚

中孚絲絃布帛人所衣服摻摻女手紡績善織南國饒足取之

有息
自取
凶咎

小過鳳有十子同巢共母仁聖在位懼以相保與彼周魯

既濟雄雞不晨雌雞且伸志庇心離三旅出哀

未濟光祀春成陳寶雞鳴陽鳥失道不能自守消亡無咎舉事不成

井之第四十八

井 躓跋未起失利後市不得鹿子

乾 左輔右弼金玉滿堂常盈不亡富如敖倉

坤 雨師娶婦黃岩季子成禮既婚相呼而婦潤澤田里

屯 螟虫為賊害我稼稻盡禾殛麥秋無所得

蒙　跛躓難步，遲不及舍，露宿澤陂，亡其襦袴。

需　大夫行父，无地不涉，爲吾相土，莫如韓樂，可以居止長安。

富有

訟　少孤无父，長失慈母，惸惸苦，莫與爲福。

師　側弁醉客，重舌作凶，披髮夜行，迷亂相誤，亡失居止。

比　馬驚破隤，王孫沉溝，身死寃去，自爲患害。

小畜　東行述職，征討不服，侵齊伐陳，衛壁爲臣，大得意還。

履　百足俱行，相輔爲強，三聖翼事，王室寵光。

泰　本根不固，華葉落去，更爲孤嫗。

否　牧羊稻園，聞虎喧喧，畏懼休息，終无禍焉。

同人　履位乘勢，靡有絕敝，爲隸所圖，與衆庶位。

大有　大輿多塵，小人傷賢，皇甫司徒，使君失家。

謙　安和泰山福祐屢臻雖有狼虎不能危身

豫　同氣異門各別東西南與凶遇北傷其孫

隨　蜿見不祥禍起我鄉行人畏亡使命不通

蠱　无事招禍自取災殃畜狼養虎必見賊傷

臨　順風吹火牽騎驥尾易為功力因權受福

觀　五岳四瀆沾濡為德行不失理民賴恩福

噬嗑　延陵聰敏樂聽太史雞鳴大國姜氏受福

賁　神鳥五色鳳凰為主集於王谷使君得所

剝　媒妁先明雖期不得齊女長子亂其紀綱

復　明月作晝大人失居眾星宵亂不知所據

无妄　少康興起誅澆復祖微滅復明大禹享祀

大畜　千門萬戶大福所處黃屋左纛龍德獨有

頤　乾作聖男坤爲智女配合既成長生得所

大過　昇張烏號發射驚狼鐘鼓夜鳴將軍壯心趙國雄勇鬬死

縈陽

坎　炙魚銅斗張伺夜鼠不忍香味機發爲崇崇在頭頸怍不　内汚外清時時

得去

離　高飛不視貪叨所在臭腐爲患自害躬身　一作竊位貪禁

暫過日　日禍生

咸　鉛刀攻玉堅不可得單盡我力齒爲疾賊

恒　方啄宣口聖智仁厚釋解倒懸家國大安

遯　踟蹰南北誤入喪國杜季利兵傷我心腹

大壯　公孫之政惠而不煩喬子相國終身无患

晉　弧矢大張道絕不通小人寇賊君子壅塞

明夷藏戢之室封豕受福充澤肥腯子孫蕃息

家人八子同巢心勞相思雖苦无憂

睽　循理舉手舉求取予六體相摩終无咎殃

蹇　王子公孫把絃攝丸發輒有獲家室饒足

解　井者有悔渴蜺為怔不亞徙鄉家受其殃

損　鄭會細 **缺元** 國亂失項弘明早見止樂不聽

益　穿室鑿墻不直生訟褰衣涉露雖勞无功

夬一　脫卵免乳長大成就君子萬年勳有利得

姤　五心乖離各引是非莫適為主道路塞壅

萃一　百柱載梁千歲不僵大願輔福文武以昌

升　營城洛邑周公所作世逮三十年歷七百福佑封實堅固

不落

困　牛耳聾蔽不曉聲味委以鼎組方始亂潰

革　從叔旅行食於東昌嘉伯悅喜呂與我芝香

鼎　訾娵開門鶴鳴彈冠文章進用舞韶和鸞三仁翼政國无

　　災殃

震　遊麀六子百木所起三男從父三女隨母至巳而反各得

　　其所

艮　南山蘭茝使君媚好皇女長婦多孫衆子

漸　黃虹之野賢君在位榮叚爲相國无災殃

歸妹穿鑿道路爲君除舍開關福喜在我昌

豐　商風數起天下昏晦旱魃爲虐九士兵作

旅　自衛歸魯時不我與永炭異室仁遺隔塞

巽

兊　六蚖奔走俱入茂草驚於長莖畏懼啄口

渙　**元缺此行**

節　避蚖東走反入虎口制於爪牙骨爲灰土

中孚頤迭不行弱足蹇僵孟縶无良失其籠光

小過十羊俱見黃頭爲首歲美民安國樂无咎

既濟望風入門來到我隣餔吾養均

未濟登高車反視天瀰遠虎口不張害賊消亡

焦氏易林卷第十二

革之第四十九

革　馬服長股宜行善市蒙祐諧偶獲金五倍

乾　高眉峻山陸土少泉草木林麓嘉得所蓄

坤　一門二關結絹不便峻道異路日暮不到

屯　憂禍解除喜至慶來坐立懼門與樂爲隣

蒙　踈類異路心不相慕牝牛牡猳鰥无室家

需　太王爲父王季孝友文武聖明仁政興起旦隆四國載福

訟　綏厚臨河求鯉燕媖失餌屏氣攝息不得鯉子

師　買利求福莫如南國仁德所在金玉爲寶

比　白虎赤憤闚觀王庭宮闕被甲大小出征天地煩憒育不

能嬰

小畜　子車鍼虎善人危殆黃鳥悲鳴傷國无輔

履　兩目失明日暮无光脛足跛步不可以行頓於上傍

泰　羅網四張鳥无所翔伐征困極飢窮不食（窮一作寒）

婦妹之臨泰

否　伯夷叔齊貞廉之師以德防患憂禍不存

之乾比之剝

同人　疾貧望幸使伯行販開牢擇羊多得大牂

夬之觀 否之坎

大有　南山之陽華葉鏘鏘嘉樂君子爲國寵光

謙　東壁餘光數暗不明主母嫉妒亂我業事

豫　迷行晨夜道多湛露霑我袴襦重不可涉

隨　目瞤足動喜如其願舉家蒙寵

蠱　鷹鷾欲食雉兔困急逃頭見尾爲害所賊

臨　鼻秒在項枯葉傷生下朽上榮家憂不寧失其金城

觀　飛不遠去法爲罔待祿養未富

噬嗑　倒基敗宮重舌作凶被髮長夜迷亂相誤深亡吉居

賁　亥午相錯敗亂緒業民不得作

剝　野麋畏人俱入山谷命短不長爲虎所得死於牙腹　觀之

復　秋冬探巢不得鵲鵊銜指北去愧我少姬　屯

无妄　雙鳧俱飛欲歸稻池經涉龍澤爲矢所射傷我臎臆　屯之復

大畜　天門開闢牢戶寥廓拄楷解脫拘囚縱釋　小畜之泰

頤　尼父孔丘善釣鯉魚羅釣一舉得獲萬頭富我家居　明夷　漸之

大過　彭君爲妖暴龍作災盜堯衣裳聚趾荷兵青鵒照夜三日

夷亡

坎　華言風語亂相狂誤終无凶事安寧如故　咸之頤

離　逃頭見足身困不等欲隱避仇爲害所賊

咸　无足斷跟居處不安凶惡爲殘

恒
我糧
三人俱行北求大牂長孟病足倩李員囊柳下之貞不失

遯　退飛見祥傷敗毀墜守小失大功名不遂

大壯　持心懼怒善數搖動不安其處散災府藏无有利得

晉　牽尾不前逆理失臣惠朔以奔

明夷　祿如周公父子俱封

睽　火陰霖雨泥塗行潦商人休止市空无寶　夬之大過

家人　吾有八人信允篤誠爲旄所舉

蹇　无足斷跟居處不安凶惡爲殘

解　馬蹄躓車婦惡破家青蠅污白恭子離居　乾之田大

損　噂噂所言莫如我垣懽樂堅固可以長安　有之屯

盅　懿公淺愚不深受謀无援失國爲狄所賊

夬　驥騄綠耳章明造父伯夙奉獻襄續厥緒佐文成伯爲晉

元輔

姤　駕車入里求鮮魴鯉非其肆居自令後市

萃　求麛嘉鄉惡地不行道止中遷復反其林

升　伏鳩負裝醉臥道傍不知何公竊我錦囊　豫之大有

困　登崑崙入天門過糟上宿玉泉同惠歡見欣君　比之姤

井　水爲火壯患厭不起季伯夜行與喜相逢　震之革

鼎　烏孫氏女深目黑醜嗜欲不同過時无耦

震　子鉏執麟春秋作元陰聖將終尼父悲心

艮　灼火泉原釣魴山巔魚不可得炭不可燃

漸　天馬五道炎火久處往來上下非文釣已衣裳絲麻相隨

在歌凶惡如何

歸妹　鷗鵃破斧沖人危殆賴旦忠德轉禍爲福傾危復立

豐　杜飛門啓憂患大解不爲身禍

旅　石門晨開荷賚疾貧遁世隱居竟不逢時

巽　兔聚東廊衆犬俱獵圍缺不成无所能獲

兌　三羊群走雄兔驚駭非所畏懼自令勞苦

渙　羽翮病傷无以爲強宋公德薄敗於水泓

節　姬姜雅叔三人偶食論仁義福以安王室

中孚　精誠所在神爲人輔德教之中彌世長久三聖乃興多受
　　　福祉

小過　岐周海隅獨樂不憂可以避難全身徐才

既濟　孤獨特處莫依爲輔心勞志苦

未濟顧望登臺意常欲逃賈辛醜惡妻不安夫

一鼎之第五十

鼎　積德之至君政且溫伊吕股肱國富民安

乾　項筐卷耳憂不得傷心思故人悲慕失母

坤　邵叔貰貸行祿多悔利无所得

屯　處狂跛衵辟坐不行弃損平人名字无中

蒙　文王四乳仁愛篤厚子畜十男无有夭折

需　容民畜衆不離其居

訟　三推相逐蠅墜釜中灌沸淹塭與母長决

師　所望在外鼎令方來拭爵濯罍炊食待之不爲季憂

比　陸居少泉高山无雲車行千里塗污爾輪亦爲我患

小畜　東家殺牛聞毙腥臊神背不顧命衰絕周亳社災燒宋人

履　夷誅

長子入獄婦饋母哭霜降旬日齎晦伏法

泰

溫山松栢常茂不落鳳凰以庇得其歡樂

否

大屋之下朝多君子德施愽育宋受其福

同人

羅張目決圍合耦缺魚鳥生脫

大有

羔裘豹袪高易我宇君子維好

謙

大頭明目載受喜福三雀飛來與祿相得

豫

消鋒鑄刃縱牛牧馬甲兵解散夫婦相保　同　晉

隨

吉日舉釣田弋獵禽反行飲至以告喜功

蠱

商人行旅資无所有貪貝逐利留連玉帛馭轅內安公子

何答

臨

火井賜谷揚芒生角犯歷天門闚見太微登上玉牀家易

觀　秋隼冬翔數被嚴霜甲兵充庭萬物不生雞釜夜鳴民擾
　　大驚

噬嗑　東行西步失其次舍乾侯野井昭君裛居

賁　腫脛病腹陷厠污辱命短時極孤子哀哭

剝　切膚近火虎絕我鬚小人橫暴君復何之

復　女室作毒為我心疾和不能治晉人赴告

无妄　兵征大宛北出玉門與胡寇戰平城道西七月無粮身幾
　　　不全

大畜　九子十夫莫適與居貞心不壹自令老孤

頤　東行稻麥遂至家國樂土无災君父何憂

大過　作室山根所以為安一夕崩巔破我饔飱

坎　六人俱行各遺其囊黃鵠失珠无以爲明

離　伯塞叔盲莫爲守裝失我衣裘我是陰鄉

咸　褎寵洒尤敗政傾家覆我宗國泰滅周室

恒　該言譯語仇禍相得氷入炭室消滅不息

遯　彭名爲妖暴寵作災盜堯衣裳聚跖荷兵青禽照夜三旦

　　夷亡

大壯　朝露白日四馬過隙歲短期促時難再得

晉　耳闕道衰所爲不成求事匪得

明夷　申公忠楚危不自安重耳出奔側袋其寬

家人　南上泰山困於此桑左砂右石牛馬无食

睽　海隅遼右福祿所在柔嘉蒙禮九夷何咎

蹇　陽春生長萬物茂壯垂枝布葉君子比德

解　低頭竊視有所畏避行伯不利酒酸魚敗衆若貪嗜

損　左輔右弼金玉滿櫃常盈不亡富于敖倉　師之歸妹

益　坐朝乘軒據德宰民虞舜受命六合和親

夬　東行西坐喪其犬馬南求驊騮失車林下

姤　砥德礪材果當成周拜受大命封爲齊侯

萃　西逢王母慈我九子相對歡喜王孫萬戶家蒙福祉

升　安坐玉床聽韶行觴飲福萬歲日受无疆

困　登高望家役事未休王政靡監不得逍遙

升　追亡逐北呼還幼叔至止而復得反其室

革　擊鼓陷隊不得相踰章甫文德福厭禍消

震　老猾大偷東行盜敖因於噬敖幾不得去

艮　禹召諸侯會稽南山執玉萬國天下康安　姤之臨

宋本焦氏易林（吳門黃氏士禮居十六卷本）

漸　忉怛忉怛如將不活泰稷之恩靈輒以存獲生保年　蒙之

歸妹　侯叔興起李子富有照臨楚國蠻荊是安

豐　白馬驪駁更生不休富我商人利得如上

旅　灼火泉原釣鮪山巔魚不可得炭不可燃　革之

巽　避患東西反入禍門糟糠不足憂動我心

兌　成王多寵商人惶恐生其禍心使君危殆

渙　虎飲欲食見蝟而伏禹通龍門避咎除患元醯以安

節　安民呼池玉柸大按泉如白蜜一色獲願　澤一作澤

中孚　雙息鴛鴦相隨君行南至饒澤食魚與梁君子與長

小過　蔡侯朝楚留連江渚踰時歷月思其君后

既濟　膠車駕東與雨相逢五㩧解墮頓阨獨坐憂為身禍

未濟　蝦蟇為賊害我稼穡盡禾單麥利无所得　同人之節　豫之謙

震　枯瓠不朽利以濟舟渡踰河海无有溺憂

乾　陷塗溺水火燒我履憂患重累

坤　旦生夕死名曰嬰鬼不可得視　之小畜

屯　揚水潛鑿使君潔白衣素附珠遊戲皐沃得其所願心志　之萃

蒙　娛樂豫之大過
　　眾鳥所翔中有大怪九身无頭窺驚龜去不可以居

需　刖根枯株不生肌膚病在於心日以憔枯　之坎

訟　府藏之富王以賑貸捕魚河海筍網多得　損之聰坎之大過

師　一莝九纏更相牽攣宿明俯仰不得東西請獻當報日中

比　被刑
　　耆老鮐背齒牙動搖近地遠天下入黃泉

小畜　羊舌叔虎野心善怒黷貨无厭以滅其身

履　謀疑八子更相欺紿管叔善止不見邪期

泰　伴跳不遠心與言反尼上顧家茅蓽朱華

否　蚍蜉載盆不能上山搖推跌跙頓傷其顏

同人　朝露不乂為恩惠少膏潤欲盡咎在枯橋

大有　河伯之功九州攸同載祀六百光烈无窮

謙　三人比行大見光明道逢淑女與我驥子

豫　金精耀怒帶鈎通午徘徊高庫宿於木下兩虎相拒弓弩

潚野

隨　江河淮海天之奧府眾利所聚可以富有好樂喜友

蠱　不虞之患禍生無門奄然暴卒病傷我心

臨　畫龍頭頸文章未成甘言美語詭辭无名

觀　缺破不成胎卵不生不見兆形　晋之

噬嗑　旁行不遠三里復反心多畏惡日中止舍

賁　四隤不安兵革為患掠我妻子家履飢寒

剥　喜來如雲嘉福盈門眾才君子舉家蒙懽　聯之　豐

復　載金販狗利弃我走藏匿淵底折晦為咎　隨之　革

无妄　日中為市各抱所有交易貿賄函珠懷寶心悅歡喜

大畜　月步日趍周遍次舍經歷致遠无有難處

頤　陽明失時陰凝為憂主君哀泣裹其元侯

大過　年衰歲暮精蠱遊去形容消枯裹子恩呼

坎　少无功績老困失福跂行徙倚不知所立

離　持心瞿目善數搖動自東徂西不安其處散渙府藏无有
　　利得

咸　賁貝贖狸不聽我辭繫於虎鬢牽不得來

需之睽　否之革
同人之否　隨之師

恒　老狼白艣長尾大胡前顛卻躓无有利得

遯　背地相憎心志不同如火與金君猛臣慢虎行兎伏

大壯　夏臺姜里湯文阨處毘侯歡醧岐人悅喜

晉　牙孽生齒螳蜋啓户幽人利貞鼓翼起舞

明夷　列女无夫閔思苦憂齊子无良使我心愁

家人　踐履危難脫阨去患入福喜門見悔大君

蹇　蟻封户穴大雨將集鵲起數鳴牝雞嘆室相甐雄父未到

睽　折臂接手不能進酒祈祀閉曠神怒不喜

解　胡俗戎狄太陰所積固氷沍寒君子不存

在道

損　翁翁輪輪稍頹崩顛減其令名身不得全

益

災蟲為賊害我稼穡盡禾彌麥秋无所得

夬

三幸飛來自我逢時俱行先至多得大利

姤

龍馬上山焦无水泉喉燋唇乾渴不能言

萃

春生孳乳萬物繁熾君子所集禍災不至

升

王孫季子相與為友明允篤誠升權薦舉 同人之 小過

困

六明並照政紀有統秦楚戰國民受其咎

井

蝦蜋充側佞人所惑女謁橫行正道雍塞

革

登崑崙入天門過糟丘宿玉泉問惠歡見欣君 比之姤 革之困

鼎

體重飛難未能越關不營留垣上下墟塞心不遑安 乾之革 師之臨

艮

玄黃虺隤行者勞罷役夫憔悴踰時不歸 師之臨

漸

孔德如玉出於幽谷飛上高木鼓其羽翼輝光照國 同人之坎

歸妹

火雖熾在吾後寇雖眾出我右身安吉不危殆

豊　旐裘羶國文禮不飾跨馬控弦伐我都邑　豫之

旅　被髮八十慕德獻服邊鄙不聳以安王國

巽　心得所好口常為笑公孫蛾眉雞鳴樂夜

兌　馬能負乘見邑之野幷獲粢稻喜悅无咎

渙　高飛視下貪叨所在腐臭為患害於躬身

節　東行西步失其次舍乾侯野幷昭君喪居　鼎之　噬嗑

中孚神鳥五彩鳳凰為主集於山谷使年歲育

小過石門晨啟荷費疾貧遁世隱居竟不逢時　革之　旅

既濟蹣蹣趑趑貧匙相責无有懽怡一日九結

未濟白日揚光雷車避藏雲雨不行各止其鄉

艮之第五十二

艮　君孤獨處單弱无輔名曰困苦

易學經典文庫

乾　憂驚已除禍不為災安全以來

坤　穿匏把水籌鍨燃火勞疲力竭飢渴為禍

屯　寒牛折角不能載粟災害不避年歲无穀

蒙　邑將為虛居之憂危

需　根朷殘樹花葉落去卒逢火焱隨風僵仆

訟　元后貪欲窮極民力執政乖互為夷所偪

師　北山有橐使叔壽考東領多粟宜行賈市陸梁雌雄所至

比　利害
　　高原峻山陸土少泉草木林麓嘉禾所炎

小畜　辰次降婁王駕巡時廣祐德惠國安无憂

履　輄輴輼輴歲暮偏弊籠名損弃君衰於位

泰　放銜委轡奔亂不制法度无恒君失其位

否　　獨坐西垣莫與言笑秋風多哀使我心悲

同人　脛急股攣不可出門暮速歸旅必爲身患

大有　情僞難知使我偏頗小人在位雖聖何咎

謙　　黍稷醇釀敬奉山宗神嗜飲食甘雨嘉降庶物蕃廡時无

　　　災咎

豫　　公子王孫把彈攝丸發輒有獲室家饒足

隨　　陰升陽伏舜失其室慈母赤子相餕不食

蠱　　七竅龍身造易八元法則天地順時施恩利以長存

臨　　逐狐東山水過我前深不可涉失利後便　姤之巽漸之

觀　　銜命辱使不堪其事中墜落去更爲負載

噬嗑　溫仁君子忠孝所在入閨爲儀禍災不處

賁　　春多膏澤夏潤優渥稼穡成熟獻獲百斛師行失律霸功

剥　二女共室心不聊食首髮如蓬憂常在中

復　築關石顛立本泉源疾病不安老狐為隣

无妄　欲避凶門反與禍隣顛覆不制痛薰我心

大畜　跛行鶬視有所畏避狸首伏藏以夜為利

頤　八面九口長古為斧劈破瑚璉殷商絕後

大過　和氣相薄膏澤津液生我嘉穀

坎　消金獻兵雷車不行民安其鄉

離　秦儀機言解其國患一說燕下齊襄以權

咸　旦奭王輔周德孔明越裳獻雉萬國咸康

恒　弱足刖跟不利出門買市无盈折亡為患

遯　堅水黃鳥帝哀悲愁不見白粒但覩藜蒿數驚艱鴥為我

不遂

大壯　鬼微慘慘屬續聽絕曠然大通復更生活

晉　陰生摩羊鹿鼠舞児谷靈龜陸處

明夷　諸石攻玉无不穿鑿龍體吾舉魯班為輔麟鳳成形德象

家人　山作天時陸為海口民不安處

君子

睽　東風啓戶隱伏懼喜萌庶恩復得我子

蹇　華燈百杖稍暗衰微精光欲盡奄如灰靡

解　三十九室寄宿桑中上宮長女不得來同使我失期

損　卵與石鬥糜碎無疑動而有悔出不得時

益　秦兵爭強失其貞良敗於敱鄉

夬　虐除善猛難為攻醫驥窮鹽車困於街籬

姤　操筍博狸荷弓射魚非其器用自令心勞

萃　葵上之盟晉獻會行見太宰辭復爲還興

升　臏詐麗子夷竈盡毀兵伏卒發矢至如雨魏師驚亂將獲

爲虜消死樹下

困　南行出城世得天福王姬歸齊賴其所欲

井　冬采微蘭地凍堅難利走室北暮无所得〔作氷堅〕〔堅難一〕

革　王喬无病狗頭不痛亡屨失履乏我送從

鼎　宛馬疾步盲師坐御目不見路中宵弗到

震　求利難國亡去我比憂歸其城反爲吾賊

漸　比目四翼安我邦國上下无患爲吾喜福

歸妹　八材既登以成股肱厄降庭堅國无災凶

豐　稍弊穿空家莫爲宗奴婢逃走子西父東爲身作凶

旅

鳥舞國城邑懼卒驚仁德不脩爲下所傾

巽

五穀不熟民苦困急巫之南國嘉樂有得

兌

黃裳建元福德在身祿祐洋溢封爲齊君賈市无門富當寶

渙

多殄

齊東郭盧嫁於洛都驪婦美好利得過倍

節

禍災

安床厚褥不得久宿弃我嘉宴困於南國投杼之憂不成

中孚内崩身傷中亂无常雖有美粟不我食得

小過出門逢患與禍爲怨更相擊剌傷我指端

既濟出入節時南北无憂行者函至在外歸來

未濟公孫駕驪載遊東齊延陵說産遺季紵衣

焦氏易林卷第十三

漸之第五十三

漸　別離分散長子從軍穉叔就賊寡老獨居莫爲種瓜

乾　旦種菽荳暮成藿羹心之所願志快意愜

坤　杜飛門啓憂患大解不爲身禍

屯　東山西山各自止安雛相登望竟未同堂

蒙　衆鳥所翔中有大怔九身无頭黿驚黿去不可以居　姤之　坤長　震之　蒙

需　交侵如亂民无聊賴追我濟西敵人破陣

訟　麟鳳所翔國无咎殃賈市十倍復歸惠鄉

師　鑿井求玉非卜氏室身困名辱勞无所得

比　文山鴻豹肥脯多脂玉孫獲願載福巍巍

小畜　周成之隆刑錯除凶太宰賣石君子作人

履　珪璧琮璜執贄見王百里寗戚應聘齊秦　需之井　否之訟

泰　穿空漏徹破壞我缺陶弗能治瓦覽不鑒

否　鴻飛循陸公出不復伯氏客宿　損之蹇

同人　蝦蟇群聚從天請雨雲雷運集應時輒下得其所願　大過之升

大有　老弱无子不能自理為民所憂終不離咎管子治國侯伯

謙　蠨梅折枝與母別離絕不相知

豫　盛中不絕衰者復掇盈滿減虧瘝爢脯肥鄭昭失國重耳　興立　肥鄭昭失國重耳得時　一云盛去必衰巓去却

隨　聞虎入邑必欲逃匿無據易德不見霍叔終无憂恩

蠱　隨時逐便不失利門多獲得福富於封君

臨　禹作神鼎伯益銜指斧斤既折撞立獨倚賣萬不售枯槀

爲禍

觀　春鴻飛東以馬賀金利得十倍重載歸鄉

噬嗑　金齒鐵牙壽考宜家年歲有儲貪利者得雖憂无咎

賁　膏澤沐浴洗去污辱振除災咎更與福處　浴一　作德

剝　履堦登墀高升峻巍福祿洋溢依天之威

復　坤厚地德庶物蕃息平康正直以綏大福

无妄　絕域異路多所畏惡使我驚懼思吾故處　逃之　恒

大畜　襁褓孩幼冠帶成家出門如賓父母何憂

頤　一尋百節綢繆相結其指詰屈不能解脫

坎　危坐至暮請求不得膏澤不降政戾民惑

大過　鷹鸇獵食雉兔困極逃頭見尾爲害所賊

離　剛柔相呼二姓爲家霜降既同惠我以仁

咸　慈母念子饗賜得士蠻夷來服以安王國

恒　良夫孔姬脋悝登臺樂季不扶衛輒走逃

遯　子長忠直李氏為賊禍及无嗣司馬失福

大壯　節度之德不涉亂國雖眛无光後大受慶

晉　驅羊南行與禍相逢狼驚我馬虎盜我子悲恨自咎

明夷　尼父孔丘善釣鯉魚羅網一舉得獲萬頭富我家居

家人　大根不固華葉落去更為孤嫗

睽　設罟捕魚反得居諸貟堨忠伍氏夷誅

蹇　敏捷極疾如猿集木彤弓雖調終不能獲

解　冠帶南遊與福相期邀於嘉國拜為逢時

損　年豐歲熟政仁民樂祿人獲福

益　築闕石巔立基泉源疾病不安老孤无隣

夬
逐狐東山水遏我前深不可涉失利後便 蒙之 蠱姤之 艮之臨

姤
麟子鳳雛生長嘉國和氣所居康樂溫仁邦多聖人

萃
西行求玉冀得瑜璞反得凶惡使我驚惑

升
心狂老悖聽視聾瞽音正命无常下民多孽

困
南國少子才曒美好求我長女賤薄不與反得醜惡後乃

井
逶迤高原家伯妄施亂其五官
大悔 噬嗑 之夬

革
謝恩拜德東歸吾國歡樂有福

鼎
雞鳴同舉思配无家執佩持凫無所致之

震
凶重憂累身受誅罪神不能解

艮
虎豹熊羆遊戲山谷仁賢君子得其所欲 謙之 中孚

歸妹
海隅遠右福祿所至柔嘉蒙祉九夷何咎

三

豐　華首之山仙道所遊利以居止長无咎憂　<small>謙之</small>井

旅　甲乙戊庚隨時轉行不失常節萌芽律屈咸達生出各樂

巽　跛躓未起失利後市不得鹿子

　　<small>其類　歸妹之</small>同人

兊　怙恃自負不去於下血從地出誅罰失理

渙　江河淮海天之都市商人受福國家饒有

節　節情省慾賦斂有度家給人足利以富貴

中孚　牝馬鳴呴呼求其潦雲雨大會流成河海

小過　日月之塗所行必到无有患故

既濟　乘風而舉與飛鳥俱一舉千里見吾愛母　<small>明夷之鼎</small>

未濟　陰配陽爭卧木反立君子攸行襲其官職

歸妹之第五十四

歸妹　堅冰黃裳鳥哀悲愁不見白粒但覩藜蒿數驚鷙鳥爲我

心憂

乾　荊木冬生司寇緩刑威權在下國亂且傾

坤　喘牛傷暑弗能成畝草萊不闢年歲无有

屯　魚欲負流眾不同心至德安樂

蒙　春耕有息秋入利福獻猘大貜以樂成功

需　生有聖德上配太極皇靈建中授我以福　家人之需

訟　右撫琴頭左手援帶凶訟不已相與爭戾失利而歸

師　炙魚枯斗張同夜鼠舌不忍味機發爲祟笴不得去

比　申酉說服牛馬休息君子以安勞者得懽

　　小玄田堯門尹爵聖德增益使民不疲安无休惕

履　孤公寡婦獨宿悲苦目張耳鳴莫與笑語　訟之歸妹

泰　外得好畜相與嫁娶仁賢集聚諮詢厥事傾奪我城使家
不寧

否　煎砂盛暑鮮有不朽去河三里敗我利市老牛盲馬去之
何悔

同人甲乙戊庚隨時轉行不失常節萌芽律屈咸達出生各樂
其類　漸之　旅

大有依宵夜遊與君相遭除解煩惑使心不憂

謙　死友絕朋巧言爲讒覆白污玉顏叔哀喑

豫　逐利三年利走如神輾轉東西如鳥避九

隨　隄防壞決河水放逸傷害稼穡居孤獨宿沒溺我邑

蠱　陰陽隔塞許嫁不荅旄丘新臺悔往嘆息　晉之　无妄

臨　伯夷叔齊貞廉之師以德防患憂禍不存　泰之乾革之剥　否比之剥

觀

陽爲狂悖扷劒自傷爲身生殃<small>明夷之井</small>

噬嗑

進士爲官不若服田獲壽保年

賁

耕石不生弃禮无名縫衣失針襦袴弗成

剥

靈龜陸處一旦失所伊子復耕桀亂无輔

復

室當源口溺漂爲海財産殫盡衣食无有

无妄

雞方啄粟爲狐所逐走不得食惶懼喘息

大畜

家在海隅繞旋深流豈敢憚行无木以趨

頤

他山之儲與環爲仇來攻吾城傷我肌膚國家騷憂<small>明夷</small>

坎

大蛇巨魚相搏于郊君臣隔塞戴公出廬

大過

弊鏡无光不見文章少女不嫁弃於其公

離

絶世无嗣福祿不存精神渙散離其躬身

咸

文君之德養仁致福年无胎天國富民實憂者之望憎參

益息

恒　合歡之國喜為我福東岳南山朝躋成息

遯　憂人之患履悖易顏為身禍殘率身自守與喜相抱長子

奉　成老封受福祉

大壯　太公避紂七十隱處卒受聖文為王室輔之坤〔明夷之坤〕

晉　江漢上流政逆民憂陰伐其陽雌為雄公

明夷　縮緒亂絲舉手為災越畝逐兔喪其衣袴

家人　臭蟲腐水與狼相輔亡夫失子憂及父母

睽　封羊不當女執空筐兔跋鹿蹄緣山墜墮讒使亂作

蹇　拔劒傷手見敵不善良臣無佐國憂為咎

解　三羖五牂相隨俱行迷入空澤循谷直北經涉六駮為所

傷敗

損　争鷄失羊亡其金囊利得不長陳蔡之患賴楚以安　恒之　夬

益　三驪負衡南並取香秋蘭芬馥盈滿神匰利我仲季　夬

夬　孟夏巳丑哀呼尼父明德訖終亂虐滋起

姤　履不容足南山多草家有芳蘭乃无病疾

萃　三足无頭弗知所之心強睛傷莫使為明不見月光

升　戴堯扶禹松喬彭祖西過王母道里夷易无敢難者　師之　離

困　式微式微憂禍相絆隔以巖山室家分散

井　靈龜陸處一旦失所伊子復耕粃粊亂无輔

革　仁德覆洽恩及異域澤被殊方禍災隱伏蠶不作室寒无

鼎　所得

鼎　夏麥夋麵霜擊其芒疾君敗國使年夭傷

震　火雛熾在吾後冠雛多出我右身安吉不危殆　震之歸妹　大有之需

艮　遼遠絕路客宿多悔頑嚚嚚相聚生我畏惡　明夷之　小畜

漸　懸懸南海去家萬里飛兔裹駿一日見母除我憂悔

豐　困而後通雖危不窮終得其願姬姜相從

旅　西賈巴蜀寒雪至轂欲前不得還反空屋

巽　作新初陵爛陷難登三駒摧蹕頓傷頗

兌　延頸望酒不入我口深目自苦利得無有幽人悅喜

渙　仲春孟夏和氣所舍生我喜福國無殘賊

節　張羅捕鳩兔離其災雌雄俱得為置所賊　離當　作罹

中孚　三人俱行一人言北伯仲欲南少叔不得中路分爭道鬥

相賊

小過　然諾不行欺紿誤人使我露宿夜歸溫室神怒不直鬼欲　恒之　觀

求獨刺擊其目反言自賊

既濟　陳辭達誠使安不傾增祿益壽以成功名 明夷之晉

未濟　火燒公床破家滅亡然得安昌先憂重襲 之晉

豐之第五十五

豐　諸孺行賈經涉大阻與杖為市不憂危殆利得十倍

乾　鼎足承德嘉謀生福為王開庭得心所欲 晉之大壯

坤　曳綸河海釣魴與鯉王孫利得以饗仲友

屯　東山皋落叛逆不服興師征討恭子敗覆

蒙　千里駻駒為王服車嘉其麗榮君子有成

需　三龍北行道逢六狼暮宿中澤為禍所傷

訟　天災所遊凶不可居轉徙獲福留止危憂

師　狐狸雉兔畏人逃去分走竄匿不如所處 蠱之解 睽

比　兩師聚婦黃巖季女成禮既婚相呼南去膏潤下土年歲

大有　損之益　井之坤　恒　之晉本卦之　大過

小畜　外樓野鼠與雞為伍瘡瘺不息即去其室

履　天命絕後孤傷无主彷徨兩社獨不得酒

泰　鵲思其雄欲隨鳳東順理羽翼出次須日中留比邑復反

其室　明夷之益需　其室之離益之觀

否　蝘蜓九子長尾不殆均明光澤燕自受福

同人　日走月步趨不同舍夫妻反目君主失國人　小畜之同　豫之聰

大有　宣房戶室枯期除毒文德淵府菑不能賊

謙　齊東郭盧嫁于洛都駿良美好謀利過倍

豫　病篤難醫和不能治命終期訖下即蒿里　臨之

隨　開郭緒業王迹所起姬德七百報以八子

蠱　豐年多儲江海饒魚商客善賈大國富有

臨

所得

鵠求魚食　過彼射邑　繒加我頭　繳挂羽翼　欲飛不能為罪

觀

望城抱子　見邑不殆　公孫上堂　大君悅喜

噬嗑

左指右麾　邪溔侈靡　執節无良　靈公以亡

賁

日中為市　衆持所有　交易資賄　函珠懷寶　泰之　升

剝

山没上浮　陸為水魚　燕雀无廬

復

馬服長股　宜行善市　蒙祐諧偶　獲利五倍　終日在市詰朝　獲利既享嘉福

得之以義

无妄

三狸捕鼠　遮過前後　死於環域　不得脫走　遯　離之

大畜

鬼舞國社　歲樂民喜　臣忠於君　子孝於父

頤

慈母望子　遥思不已　久客外野　我心悲苦

大過

雨師娶婦　黄巖季子　成禮既婚　相呼南去　晋潤下　上年歲

宋本焦氏易林（吳門黄氏士禮居十六卷本）

大有　損之益恒之晉井
　　　之坤本卦之比

坎　百狗同室相嚙爭食枉矢西流射我暴國高宗鬼方三年
　　乃服

離　早霜晚雪傷害禾麥損功弃力飢无可食
　　　　　　　　　　　　　　　　離之
　　　　　　　　　　　　　　　　蠱

咸　腐臭所在青繩集聚變白爲黑肱亂邦國君爲臣逐失其
　　寵祿

恒　牽羊不與與心戾旋聞言不信誤給丈人
　　　　　　　　　　　　　　富誤紹丈人
　　　　　　　　　　　一云言語不
　　　　　　　　　　　　　震之既濟
　　　　　　　　　　　　　隨之

遯·甘忍利害還相克敵商子酷刑鞍喪厥身

大壯　封羊不當女執空筐兔跋鹿蹄緣山墜墮
　　　　　　　　　　　　　　　　　隨之

晉　齫齫齒齒貧乩相責无有歡怡一日九結

明夷　兩足四翼飛入嘉國寧我伯姊與母相得
　　　　　　　　　　　　　　　　貞之同人

家人　天山紫芝雍梁朱草長生和氣王以爲寶公尸侑食福祿

一　來處

睽　絕世遊寬福祿不存精神渙散離其躬身

蹇　比辰紫宮衣冠立中含弘建德常受大福

解　伯蹇叔瘖莫與守株失我衣裳代爾陰鄉 _{離之} _{鼎之}

損　兩女共室心不聊食首髮如蓬憂常在中 _{巳六} _剝

益　去辛就蓥毒愈苦甚避弄遇坑瓦憂患日生

夬　初病終凶季為死喪不見光明

姤　三鳥飛來自到逢時俱行先至多得大利 _{同人之大} _{有震之夬}

萃　鹿食山草不思邑里雖久无咎

升　羊腸九縈相推稍前止須王孫乃能上天 _{損之屯復之師} _{蠱之剝臨之巽}

困　管仲遇桓得其願歡膠牢振冠冠帶无憂笑戲不莊空言

妄行之旅 _{明夷}

宋本焦氏易林（吳門黃氏士禮居十六卷本）

井　桀跖並處民困愁苦行旅遲遲留連齊魯　復之

革　寬孤无室銜指不食盜張民餌見敵失福　離

鼎　讒言亂國覆是為非伯奇平難恭子憂哀　巽之觀

震　雞鳴同興思邪无家執佩持𢓜莫使致之　乾之升

良　衛侯東遊惑於少姬亡我考妣久迷不來　旅之師

漸　義不勝情以欲自榮覬利危寵摧角折頸　漸之　鼎　坤之豐復之

歸妹　尊主甲擁力日衰侵奪无光三家逐公　坤小過之升　升之巽

旅　叔仲善貫與喜為市不憂厄殆利得十倍　井之兑中

巽　六蛇奔走俱入茂草驚於長路畏懼啄口　孚之家人

兑　水壞我里東流為海㞐處謹囂不得安居　旅之　歸妹

渙　飛不遠去甲斯内侍祿養未富　大畜　渙之

節　陰變為陽女化為男治道大通君臣相承　屯之離　未濟之旅　夬　渙之旅

中孚：踐履危難，脫厄去患，入福喜門，見誨大君。震之家人 亢之乾

既濟：貧牛上山，力劣行難，烈風雨雪，遮遏我前，中道復還。同人之无 妄訟之剝 旅之睽

小過：罟密網縮，動蓋蹶急，困不得息。

未濟：喁喁嘉草，思降甘雨，景風升上，沾洽時澍，生我禾稼。

旅之第五十六

旅：羅網四張，鳥無所翔，征伐困極，飢窮不食。革之泰 兌 兌之小過

乾：寄生無根，如過浮雲，立本不固，斯須落去，更為枯樹。小畜之蠱

坤：人无定法，緩降牛出，虵雄走趨，陽不制陰，宜其家國。

屯：眾鳥所聚，中有大怪，九身无頭，鬼驚黿去，不可以居。蒙 漸之觀

蒙：封豕溝瀆，灌潰國邑，火宿口中，民多疾病。

需：奮翅鼓翼，翱翔外國，逍遙徙倚，來歸溫室。損之觀

訟　秋蠶不成冬種不生殷王逆理弃其寵榮

師　衛侯東遊惑於少姬忘我考妣久迷不來　乾之升　豐之震

比　烏合卒會與惡相得鷗鶉相酬爲心所賊

小畜　鳴雞无距與鵲格鬬翅折目盲爲仇所傷

履　木生內蠹上下相賊禍亂我國

泰　延陵適魯觀樂太史車轄白顛知秦興起卒兼其國一統

否　輔相之好无有休息時行雲集所在遇福　爲主　坎之剝　大畜之離

同人　淋傾簀折屋漏垣缺季姬不愜

大有　東入海口循流比走一高一下五色無主七日六夜死於

謙　羣虎入邑求索肉食大人禦守君不失國　水浦　聰之蹇

豫
四亂不安東西為患退身止足无出邦域乃得完全賴其生福
大有之暌　乾

隨
叔盻抱冤祁子自邑乘遽解患羊舌以免賴其福全
訟之暌

蠱
延頸望酒不入我口深目自苦利得无有
頤之萃

臨
仁政之德恭恭日息成都邑人受嘏福
巽之屯

觀
牽頭繫尾屈折幾死周世无人不知所歸
升之大畜

噬嗑
教羊逐兔使魚相捕任非其人費日无功
需之噬嗑

賁
生角有尾張孳制家排羊逐狐張氏易公憂禍重凶

剝
去安就危墜陷井池破我玉瑉

復
茹芝餌黃塗飲玉英與神流通長无憂凶
既濟之蹇

无妄
无妄體重飛難未能越關
震之鼎

大畜
大畜巢成樹折傷我彝器伯踦叔跌亡羊乃追

宋本焦氏易林（吳門黃氏士禮居十六卷本）

順　六人俱行各遺其囊黃鵲失珠无以爲明　賁之
　　　　　　　　　　　　　　　　　　　噬嗑

大過　蟠梅折枝與母分離絕不相知　大有
　　　　　　　　　　　　　　　　之坤

坎　迎福開戶喜隨我後曹伯憸悌爲宋國主

離　既痴且狂兩目又盲箕踞喑啞名爲无中

咸　金梁鈇柱千年牢固完全不腐聖人安處

恒　裹糗荷糧與跖相逢欲飛不得爲網所獲

遯　彭名爲妖暴龍作災盜堯衣裳聚跖荷兵青禽照夜三旦　鼎之遯
夷亡　比之蒙

大壯　獨夫老婦不能生子鰥寡俱處

晉　鶺鷯竊脂巢於小枝搖動不安爲風所吹心寒飄搖常憂
危殆

明夷　素車木馬不任負重王子出征憂危爲咎

家人　土陷四維安平不危利以居止保有王女

睽　員牛上山力劣行難烈風雨雪遮過我前中道復還　訟之　剥

蹇　金城鐵郭上下同力政平民親冦不敢賊

解　清潔淵塞為人所言證訊詰問繫於枳溫甘棠聽斷昭然　蒙恩　師之

損　臯陶聽理岐伯悅喜西登華道東歸无咎　蠱

益　低頭竊視有所畏避行作未利酒酸魚敗重莫貪嗜　鼎之　解

夬　十雄百雛常與母俱抱雞搏虎誰肯為侶

姤　高阜山陵陂陁顛崩為國妖祥元后以斃

萃　六鷁退飛為衰敗祥陳師合戰左股疾傷遂以斃崩霸功　不成　蹇之　家人之

升　異國殊俗情不相得金木為仇百戰檀穀未濟　未濟

困　鴉噪庭中以戒災凶重門擊柝備憂暴客

井　慈母赤子享賜得士獲夷服除以安王家側陋逢時

革　剗迹惡人使德不通炎早爲災年穀大傷　坤之大有

鼎　躬履孔德以待束帶文君燎獵呂尚獲福號稱太師封建

齊國

震　征將止惡鼓鞞除賊慶仲奔莒子般獲福

艮　良夫淑女配合相保多孫衆子懽樂長久

漸　蝝蛇四壯恩念父母王事靡盬不我安處　渙之

歸妹　水壞我里東流爲海黿龜讙囂不得安居　豐之　兌

豐　東帛戔戔賻我孟宣徵召送君變號易字

巽　乾行大德覆贍六合嘔咰成熟使我福德

兌　秦晉大國更相克賊獲惠質圍鄭被其咎

渙　晦昧昏明君无紀綱甲子成亂簡公喪亡

節　三足无頭弗知所之心狂精傷莫使爲明不見月光 小畜之復

中孚長夜短日陰爲陽賊萬物空枯藏在北陸 謙之漸

小過依宵夜遊與大君俱除解煩惑使我无憂 夬之明夷　死或作先歸　妹之大有

既濟逐鹿南山利入我門陰陽和調國无災殘長子出遊須其

仁君

未濟請冀左耳嘗不我驅與我父母

焦氏易林卷第十四

巽　溫山松栢常茂不落鸞鳳以庇得其歡樂　鼎之泰需之

乾　采唐沫鄉要期桑中失信不會憂思約帶　坤否之恒

坤　有鳥飛來集于宮樹鳴聲可畏主將出去　无妄之噬嗑

屯　仁政之德參參日息成都就邑入受厥福　师之噬嗑

蒙　他山之儲與璵爲仇來攻吾城傷我肌膚邦家搔憂　明夷

需　齎貝贖狸不聽我辭繫於虎鬚牽不得來否　震之咸萃之襄

訟　一簧兩舌妄言陷語三奸惑虛曾毋投杼　革隨之師

師　薄行搔尾逐雲除水污泥爲陸下田宜稷　師之

比　天門九重深內難通明坐至暮不見神公

小畜　闇目不明耳聞聽聰陷入深淵滅頂憂凶井　兌之

履　霧露早霜日暗陰陽孽疾年穀大傷

泰　三諧土廊德義明堂交讓往來享燕相承箕伯朝王錫我

玄黄

否　爭雞失羊利得不長陳蔡之患賴楚以安

同人　天旱水涸枯槁无澤未有所獲

大有　陶朱白圭善賈息貲公子王孫富利不貧

謙　龜厭江海陸行不止自令枯槁失其都市憂悔為咎

豫　黄鳥採蓄既稼不答念吾父兄思復邦國　既濟之噬嗑夬

隨　田鼠野雞意常欲逃拘制籠檻不得動搖　謙需之隨

蠱　平國不君夏氏作亂烏號竊發靈公殞命　晉　臨之

臨　巨虵大鰌戰於國郊上下閉塞君道走逃　剝之

觀　說言亂國覆是為非伯奇流離恭子憂哀　豐之鼎

噬嗑鬱怏不明爲陰所傷衆霧集聚共奪日光

賁 望城抱子見邑不始公孫上堂大君歡喜

剝 三虫作蠱剝迹无與勝母盜泉君子弗處

復 車馳人趨卷甲相求齊魯寇戎敗於犬上

无妄 欲訪子車善相欺紿桓叔相迎不見所期

大畜 爭雞失羊亡其金囊利得不長陳蔡之患賴楚以安

頤 歲暮花落陽入陰室萬物伏藏匿不可得

大過 晨風文翮大舉就溫過我成邑弄无所得

坎 特鴟抱子見蛇何咎室家俱在不失其所

離 隱隱大雷澤澤爲雨有女癡狂驚駭隣里

咸 无足斷跟居處不安凶惡爲患

恒 破筐敝筥弃捐於道不復爲寶

始之觀　觀之困　復之小畜　坤之兊　歸妹之損　蹇　大壯之震　小畜之革　大過之豫

遯　三雞啄粟十雛從食飢鳶卒擊亡其兩叔

大壯　乘車七百以明文德踐土葵丘齊受福

晉　百足俱行相輔爲強三聖翼事王室寵光

明夷　典策法書藏閣蘭臺雛遭潰亂獨不逢災

家人　四誅不服恃強負力倍道趨敵師徒敗覆

睽　春陽生草夏長條肆萬物蕃滋充實盆有

蹇　礒礒禿白不生黍稷无以供祭祇靈乏祀

解　褰衣涉河水深漬龍賴幸卅子濟脫无他

損　宜行貿市所求必倍戴喜抱子與利爲友

益　凡征東夷弟代遼西大克勝還封君河間

夬　初雛驚惶後乃无傷受其福慶

姤　隨風乘龍與利相逢田獲三倍商旅有功憧憧之邑長安

十一作八

中孚之顧
兑之

剝之
屯之履
晉之坤

遯之傻
井之履
坤之大畜大有

之恒
中孚之恒

需之屯
之同人

坤之萃

蹇之師

未濟之盆

大過之恒

萃　魚擾水濁寇圍吾邑城危不安驚恐狂惑

升　雎窮復通履危不凶保其明公

困　坤厚地德庶物蕃息平康正直以綏大福　泰之解　賁之頤

井　山水暴怒壞梁折柱稽難行旅留連愁苦　渙之解　漸之復　咸之

革　使燕築室身不庇宿家无聊賴螁我衣服

鼎　矢石所射襄公痢劇吳子巢門傷病不治

震　日月運行一寒一暑榮寵赫赫不可得保顛隕墜墮更為　士伍之　中孚之晉

艮　宮門愁鳴臣圍其君不得東西

漸　戴盆望天不見星辰顧小失大福逃墻外過　賁之蒙　小過之蠱

歸妹　天之所明禍不遇家反自相逐終得和鳴

豐　天陰霖雨塗行泥潦商人休止市无所有　革之睽　升之大過

旅　嘉門福喜增累盛熾日就有德宜民宜國　升之蠱　蠱之噬

兌　南山之陽華葉將將嘉樂君子為國寵光　革之大有

渙　畫龍頭頸文章未成甘言美語說辭无名　家人之賁

節　嬰兒孩子未有所識彼童而角亂我政事

中孚　陰作大奸欲君勿言鴻鵠利口發患禍端荊季懷憂張伯

被患
小過　德之流行利之四鄉雨師洒道風伯逐殃巡狩封禪以告

成功
既濟　禹將為君裝入崑崙稍進陽光登見溫湯功德昭明　莘之比　益之復

未濟　五岳四瀆含潤為德行不失理民賴恩福明　恒之井順之　夷離之豫

兌之第五十八

368

班馬還師以息勞疲後夫嘉喜入戶見妻 兑

踐履危難脫危去患入福喜門見悔大君 乾

子鉏執麟春秋作元陰聖將終尼父悲心 坤

夾河爲婚期至无船搖心失望不見所歡 屯

天孫帝子與日月處光榮於世福祿繁祉 蒙

三年人妻相隨奔馳終日不食精氣勞疲 需

禹召諸侯會稽南山執玉萬國天下康寧 訟

早霜晚雪傷害禾麥損功弃力飢无所食 師

蒿融持戟杜伯荷弩降觀下國誅逐无道夏商之季失執 比

外走

下田陸黍萬華生齒大雨霖集波病潰腐 履

生有聖德上配大極皇靈建中受我以福 小畜

觀之既濟貞
之蠱　剥之噬嗑
震之家人
之中孚
訟之同人　豫之
屯之小畜
乾之大畜
大有革之震
比之遯　豐之
需之咸
坎之家人
姤之臨　鼎之　艮之旅
家人之需
婦妹之需

泰　子畏於匡困厄陳蔡明德不危竟克免害　漁之坎大過之晉

否　有兩赤頭從五岳來謠言无祐趍爾之林俯伏聽命不敢　恒

動搖

大有　朽根刖樹華葉落去卒逢大焱隨風僵仆　屯之坎噬嗑之夬之

同人　當得自如不逢凶災衰者復興終无禍來

謙　葛生行蔓絺綌為願家道篤厚父兄悅喜

豫　東行求玉反得弊石名曰无直字曰醜惡眾所賤薄　家人之否

隨　瞻白因弦駑屝恐怯任力墮劣如蝟見鵲偃視恐伏不敢

蠱　瘖瘻多病宋公危殆吳子巢門无命失所

拒格

臨　東山西岳會合俱食百喜送從以成恩福

觀

舞非其處失節多悔不合我意

噬嗑南循汝水茂樹斬枝過時不遇怒如周飢

賁

公孫駕驪載遊東齊延陵說產遺我紵衣　良之 未濟

剝

乘輿八百以明文德踐土葵上齊晉受福　巽之 大壯

復

雄處弱水雌在海邊別離將食哀悲於心

无妄

結網得解受福安坐終无患禍

大畜秋南春北隨時休息處和履中安无憂凶

頤

啟戶開門巡狩釋冤夏臺姜里湯文悅喜

大過符左契右相與合齒乾坤利貞乳生六子長大成就風言

坎

如母

飢蠶作室絲多亂緒端不可得　革之 謙 大壯

離

東壁飾光數暗不明主母嫉妒亂我業事　之恒 謙之屯

咸
白茅縮酒靈巫拜禱神嗜飲食使君壽考

恒
　利峙
范公陶夷巧賈貨資東之營上易宇子皮抱珠載金多得

遯
傷賊
三殺五羊相隨俱行迷入空澤循谷宜比經涉六駁爲所

大壯
雄雉延頸欲飛入關雨師洒道濺我袍裘重車難前侍者
稽止

晉
中年蒙慶今歲受福必有所得榮寵受祿
明夷祿如周公建國洛東父子俱封　草之明夷
家人安床厚褥不得久宿弃我嘉讌困於東國投杼之憂不成　家人之睽
災福　家人之節

睽
蓄積有餘糞土不居

鼎　十雄百雌，常與毋俱，抱雞搏虎，誰敢難者。

革　鳥鳴咠咠，天火將下，燔我館舍，災及妃后。 中孚

井　闇昧不明，耳聾不聰，陷入深淵，滅頂憂凶。 小畜

困　隱隱填填，火燒山根，不潤我隣，獨不蒙恩。 賁之　蹇

升　江河淮海，天之都市，商人受福，國家富有。 巽之　小畜

萃　舜登大禹，石夾之野，徵詣玉闕，拜治水土。 乾之中孚　師之小畜

姤　徒巢去家，南遇白鳥，東西受福，與喜相得。

夬　叔迎兄弟，遇恭在陽，君子季姬，並坐鼓簧。 咸之　震

益　夏姬附耳，心聽悅喜，利以傅取。

損　福德之士，懽悅日喜，夷吾相桓，三歸為臣，賞流子孫。

解　目不可合，憂來撥足，怵惕危懼，去其邦族。 草之　睽

蹇　心願所喜，乃今逢時，得我利福，不離兵革。 之復　既濟

震　營城洛邑周公所作世建三十年歷七百福祐盟執堅固

不落 井之 升

艮　三人俱行別離將食一身五心反復迷惑

漸　三虎搏狼力不相當如鷹格雉一發破亡

歸妹　養虎畜狼還自賊傷年歲息長疾君拜禱雖危不凶

豐　後時失利不得所欲

旅　雄兔之東以理為傷見鷹驚走死於谷口

巽　秋蛇向穴不失其節夫人姜氏自齊復入

渙　鳥鳴巢端一呼三顛搖動東西危蔑不安

節　命天不遂死多蔑祟妻子啼瘖早失其雄

中孚　茆屋結席崇我文德三辰旂旗家受行福

小過　羅網四張鳥无所翔征伐困極飢窮不食

既濟天成地安積石為山潤洽萬里人賴其歡

未濟銅人鍊柱暴露勞苦終日卒歲无有休止

渙之第五十九

渙 望幸不到文章未就王子逐兔犬蹄不得 未濟之兌

乾 焱風阻越車馳揭揭棄古追思失其和節心憂慅慅 謙之既濟 需之 小過

坤 蛇得澤草不憂危殆

屯 兩犬爭鬪股瘡无處不成仇讐行解邪去

蒙 因禍受福喜盈其室求事皆得

需 江多寶珠海多大魚疾行亟至可以得財 節之中孚

訟 二牛生狗以戌為母荆夷上侵姬伯出走 坤之震否 之姤 需之訟復

師 安息康居異國穹廬非吾冒俗使我心憂

比 行觸天罡馬死車傷身无聊賴困窮乞糧 訟賁之復

小畜　裸裎逐狐爲人觀笑牝雞司晨主作亂門　大有之咸

履　爲季求婦家在東海水長无船不見所歡　屯之蹇

泰　男女合室二姓同食婚姻孔云宜我多孫

否　太微帝室黄帝所直藩屏周衛不可得入常安常存終无
禍患

同人　賫金觀市欲買駰子獵偷竊發盜我黄寶

大有　三人俱行欲歸故鄉望邑入門拜見家懼

謙　娶於姜呂駕迎新婦少齊在門夫子悅喜

豫　伯仲旅行南求大牂長孟病足倩季賀囊柳下之貞不失

驪黄

隨、潔身白齒衰老復起多孫衆子宜利姑舅

蠱　獨宿憎夜嫫母畏晝平王逐建荆子憂懼

臨　追亡逐北呼還紇叔至止而得復歸其室　未濟之大過　需之渙

觀　鳥飛无翼兔走折足雖欲會同未得竪功

噬嗑　抱空握虛鳴教我貫利去不來　離之家人

賁　山作天池陸地為海

剝　為虎所齧太山之陽眾多從者莫敢救藏

復　逶迤四牡思歸念母王事靡盬不得安處　旅之漸

无妄　獼猴所言語无成全誤我白鳥使乾口來

大畜　飛不遠去甲斯內侍祿養未富豐　豐之

頤　大尾細腰重不可搖陰權制國平子逐昭　小畜之萃　未濟之乾　震之坤

大過　旦生夕死名曰嬰鬼不可得視　兌之泰　大過之坤

坎　子畏於匡困於陳蔡明德不危竟免厄害　晉師之鼎

離　畏昏潛處候時朗昭卒逢白日為世榮主

咸　白鳥銜餌鳴呼其子施翼張翅來從其母（晉之震）

恒　宮商角徵五音和起君臣父子弟順有序唐虞襲德國无災咎

晉　天子所予福祿常在不憂危殆（小畜之遯　臨之復　損之節）

大壯　鬼哭於社悲傷无後甲子昧爽殷人絕祀（大過之坤）

遯　季姬踟蹰望孟城隅終日至暮不見齊侯（謙之巽　謙之）

明夷　比目附翼相恃為福姜氏季女與君合德（泰之謙　否之隨）

家人　翁翁輠輠稍崩墜顛滅其令名（離之坎　師之）

睽　折若蔽目不見稚叔三足孤鳥遠去家室（蒙之師）

蹇　羊腸九縈相推稍前止須王孫乃能上天（豐之升　履之師　蠱之剝　損之屯）

解　坤厚地德庶物蓄息平康正直以綏大福（泰之解　巽之困　賁之）

損　有莘外野不逢堯主復居窮處心勞志苦

益

曾長景行來觀桑柘上伯日喜都叔允藏　謙之 噬嗑 節

夬

周師伐紂勝于牧野甲子平旦天下大喜　之升復卦

姤

踰江求橘并得大栗烹羊食炙飲酒歌笑

萃

敝笱在梁魴逸不禁漁父勞苦筐笥乾口空虛无有　遯之 大過

升

生有陰孽制家非陽遂送還牀張氏易公憂禍重凶

困

絕域異路多有怵惡使我驚懼思我故處

井

迷行失道不得牛馬百賈逃亡市空无有

革

雌鷩生雛祥異興起束雲龍騰民戴爲父

鼎

墨墨㗩㗩如岐之室畜一息十古公始邑　恒之 小過

震

瘯瘍疥搔孝婦不省君多疣贅四牡作去　剝之恒 既

艮

羊頭兔足羸瘦少肉漏囊敗粟利无所得　濟之訟

漸

薛篋從靡空无誰是言季子明樂減少解

歸妹　妹為貌熟敗君正色作事不成自為心賊

旅　陰變為陽女化作男治道得通君臣相承　〔豊之旅〕

解　剥之

豊　四馬共轅東上太山驊驪同力无有重難與君笑言　〔豊之節　未濟之離〕

巽　南國少子材器美好求我長女賤薄不與反得醜惡後乃

兑　昭公失常季女悖狂遜齊處野喪其寵光　〔蠱之〕

大悔　〔震漸之困〕

節　天山紫芝雍梁朱草長生和氣王以為寶公尸宥食福祿

來處　〔同人之剥〕〔豊之家人〕

中孚　牽羊不前與心戾旋聞言不信誤紿大人

小過　東山西山各自止安心雖相望竟未同堂　〔始之坤　漸之〕〔屯　中孚之賁〕

既濟　鹿求其子虎廬之里唐伯季耳貪不我許　〔隨之　否〕

未濟　三虎上山更相喧噢志心不親如仇與怨　〔始之　小過〕

易學經典文庫

節之第六十

節　海爲水王聰聖且明百流歸德无有叛逆常饒優足

乾　虎呴怒咆慎戒外憂上下俱搔士民无聊

坤　探巢得雛仇鵲俱來使我心憂

屯　日望一食常恐不足禄命寡薄

蒙　良馬疾走千里一宿逃難它鄉誰能追復

需　鵲巢烏城上下不親内外平畔子走矢頑

訟　雲龍集會征討西戎招邊定衆誰敢當鋒

師　春多膏澤夏潤優渥稼穡成熟畝獲百斛　臨之明夷

比　童妾獨宿長女未室利无所得　履觀之蒙　像之益蠱之

小畜　四亂不安東西爲患退止我足无出邦域乃得全完賴其　觀之小過

生福　觀之大有之睽

復　長寧履福安我百國嘉賓上堂與季同牀

泰　騏驎綠耳章明造父伯鳳成季共成霸功為晉元輔

否　張陳嘉謀贊成漢都主歡民喜其樂休休　張良陳平也

同人　大面長頸未解君憂

大有　畏昏不行待旦昭明燎獵受福老賴其慶　夬之／損之

謙　伯去我東首髮如蓬長夜不眛憂繫心留邂　姤之

豫　朽條腐索不堪施用安靜候時以待親知　渙之

隨　比目四翼相倚為福姜氏季氏與君合德　明夷

蠱　履堦升堮高登崔嵬福祿洋溢依天之威

臨　奢淫愛醬神所不福靈祇慇怒毘障其威　中孚之泰／未濟之坤

觀　大步小車南到喜家送我豹裘與福載來

噬嗑　東行西步失次後舍與彼作期不覺至夜乾侯野井昭君

失居

賁　喜樂抃躍來迎名家鵲巢百兩獲利養福

復　比虜匄奴數侵邊境

剥　非理後來誰肯相與往而不獲徒勞道路

无妄　征不以禮辭乃无名縱獲臣子伯功不成 〔豫之節〕

大畜　景星照堂麟遊鳳翔仁施大行頌聲作興 〔損之坤〕

頤　文明之世銷鋒鑄耜以道順民百王不易 〔一作焚膏銷鋒〕〔鎮厭危凶招來〕

坎　文德君　安其國　羣隊虎狼齧彼牛羊道路不通妨農害商

大過　鳥飛无羽雞鬭折距徒自長嗟誰肯為侶

離　商伯沉醉庶兄奔走潘女蕩夫仁德並孤

咸　三狸搏鼠遮過前後當此之時不能脫走

恒　陶叔孔圉不處亂國初雖未萌後受福慶

遯　奮翅鼓翼翱翔外國逍遙北域不入溫室

大壯　德音孔博升在王室八極蒙祐受其福祿

晉　當變立權摘解患難霍然冰釋大國以安　升之震　泰之蒙　蠱之明

明夷　羽動角甘雨續草木茂年歲熟

家人　天所佑助福來禍去君王何憂

睽　方啄宣口聖智仁厚釋解倒懸唐國大安　嗑嗑　小畜之

蹇　葛藟蒙棘華不得實讒佞亂政使恩壅塞　泰之蒙　夷師之中孚

解　皇母多恩字養孝孫脫於襁褓成就為君　睽之

損　積冰不溫北陸苦寒露宿多風君子傷心　巽　革之否歸妹之

益　伯夷叔齊貞廉之師以德防患憂禍不存　臨中孚之解

夬　一雌二雄子不知公亂我族類使吾心憒

姤

主安多福天祿所伏居之寵昌君子有光 　謙之噬嗑 　豐之同人　小畜 　同人　豫之聨

萃

千歲槐根利多爺癭樹維枯屈枝葉不出

升

周師伐紂勝殷牧野甲子平旦天下大喜 　澳之央復

困

日走月步趍不同舍夫妻反目主君失居 之

井

宣髮龍叔為王主國安土成稷天下蒙福 　明夷之蒙

革

諷德誦功周美盛隆惠旦輔成光濟冲人 　益之升

鼎

三夜不寢憂來益甚戒以危懼弃其安居

震

恩願所之乃今逢時洗濯故愛拜其懼來 　聨之

漸

駢牛亡子鳴於大野申復喉徵還歸其母說以除悔

艮

嚉嚉囁囁夜行晝伏謀議我資來竊吾室 　艮

歸妹

王良善御伯樂知馬周旋步趨行中規矩止息有節延命

壽考 遯之 豫

豐　釋然遠咎避患害早田獲三狐以貝為寶

旅　仁獸所處國无凶咎市賈十倍復歸惠里

巽　六目俱視各欲有志心意不同乖戾生訟

兌　傳說王良驂御四龍周徑萬里无有危凶

渙　仲伯季叔日暮寢寐醉醒失明喪其貝囊卧拜道旁　渙之　謙之　蠱

中孚　江有寶珠海多大魚亟行疾至所以得財　渙之　需

小過　遠視千里不見所持離妻之明无益於耳

既濟　弱足刖跟不利出門市賈无贏折亡為患　乾之　鼎

未濟　利盡得媒時不我來鳴雌深涉寡宿獨居

焦氏易林卷第十五

中孚之第六十一

中孚　鳥鳴譆譆天火將下燔我屋室災及妃后 兌之

乾　黃虹之野賢若所在管仲爲相國无災咎 革

坤　符左契右梁叔有若相與合齒乾坤利貞乳生六子長大

　　成就抛吾如母

屯　蝗螽我稻驅不可去實穗无有但見空㠧 師
渙之

蒙　嬰孩求乳母㛰其子黃麗悅喜

需　折若蔽目不見稚叔失旅亡民遠去家室

訟　牂羊肥首君子不飽年飢孔荒士民危殆

師　靈龜陸處盤桓失所伊子退耕築亂无輔 㛰妹之井
㛰妹之剝

比　威約拘囚爲人所誣皐陶平理幾得脫免

小畜　烏升鵲舉照臨東海厄降庭堅為陶叔後封於英六福履

履　四目相視稍近同軌日昳之後見吾伯姊
　　綏厚　大畜觀之顧　謙之顧需

泰　大步上車南到喜家送我狐裘與福載來
　　益之　節之觀未　濟之坤　需

否　卒都和合未敢面見媒妁无良使我不香
　　益之

同人　鴻飛循陸公出不復伯氏客宿
　　升　剝之

大有　代戍失期患生无聊懼以發難為我開基邦國憂愁

謙　齊魯爭言戰於龍門構怨結禍三世不安

豫　周政養賊背生人足陸行不安國危為患

隨　蜩螗歡翹草木嘉茂百果蕃生日益多有
　　謙之　解

蠱　薄災暴虐風吹雲卻欲上不得復歸其宅

臨　乘驪駕驪遊至東齊遭遇行旅逆我以資厚得利歸

觀

鳳生七子同巢共乳歡悅相保

噬嗑桃雀竊脂巢於小枝搖動不安爲風所吹心寒漂搖常憂

姤之坤漸之屯渙之小過

賁

殆危 渙 損之

東山西山各自止安雌相登望竟未同堂

剥匍伏走出驚懼皇恐白虎生孫辱收在後

復

重戈射隼不知所定質疑著龜明神祭報告以肥牡宜利

止居

文德

无妄開門內福喜至我側嘉門善祥爲吾室宅宮城洛邑以招

大畜烏飛狐鳴國亂不寧下強上弱爲陰所刑

頤

三雞啄粟八雛從食飢鳶卒擊失亡兩叔

大過歎息不悅憂從中出喪我金嬰无妄失位

坎

剛柔相呼三姓為家霜降既同惠我以仁 家人之損

離

送我季女至於蕩道齊子旦夕留連久處 漸之離

咸

低頭竊視有所遇避行作不利酒酸魚餒眾莫貪嗜 解

恒

典策法書藏閣蘭臺雖遭亂潰獨不遇災 鼎之 巽之明夷坤之恒

遯

旦醉病酒暮多瘳愈不反為咎 大富大有之恒

大壯

晝龍頭頸文章未成甘言美語說辭無名 井之蒙蒙之噬嗑家人之貧

晉

日月運行一寒一暑榮寵赫赫不可得保顛躓殞墜更為

士伍 巽之震

明夷

爭利王市朝多君子蘇氏六國獲其榮寵

家人

六蛇奔走俱入茂草驚於長塗畏懼啄口 井之兌豐之巽

睽

懸貆素餐食非其任失輩剝廬休坐徒居 順之比

蹇

歡欣九子俱見大喜攜提福善王孫是富

解　伯夷叔齊貞廉之師以德防患憂禍不存

損　雄聖伏名人匿麟驚走鳳飛北亂潰未息

益　久鰥无偶思配織女求其非望自令寠處

夬　破亡之國天所不福難以止息

姤　老憚多邪驩政為賊阿房驪山子嬰失國

萃　三殺六祥相隨俱行迷入空澤遙涉虎廬為所傷賊死於

升　牙腹
　　囁囁處懼眛冥相搏多言少實語无成事

困　武陽漸離擊筑善歌慕丹之義為燕助軻陰謀不遂霍自

井　死亡功名賈施
　　尹氏伯奇父子分離无罪被辜長舌為災

革　五精亂行政逆皇恩湯武赫怒共代我域

革之否歸妹
革之否
之臨節之盬
吾之大過
剝之臨

明夷之豫
謙之乾

鼎　西歷玉山東入玉門登上福堂飲萬歲漿

震　行觸夫忌與司命悟執囚束縛拘制於吏幽人有喜　剝

艮　機父不賢朝多讒臣君失其政保家父貧

漸　三人俱行比求大牂長孟病足請季員囊柳下之貞不失

我糧

其室　臨之觀需之
離豐之泰

歸妹　鵲思其雄欲隨鳳東順理羽翼出次須日中留北邑復歸

豐　常得自如不逢禍災　作加　如一

旅　白鵲遊望君子以寧履德不愆福祿來成

巽　膚敏之德發憤晨食虜豹擒說為王得福　之困　大有

兌　百足俱行相輔為強三聖翼事國富民康　頤之

渙　生不逢時困且多憂年衰老極中心悲愁

節

出門蹉跌看道後旅買羊逸亡販物逃走空手握拳坐恨 憶之漸 井之 吾剝之損

相咎

小過牧羊稻田聞虎喧譁畏懼惕息終无禍患

既濟龍潛鳳北其子變服陰孽萌作

未濟國无比隣相與爭強紛紛匈匈天下擾憂

小過之第六十二

小過初雊驚惶後反无傷受其福慶

乾　積德累仁靈祐順信福祉日增

坤　謹慎重言不幸遭患周邵述職脫免牢開

屯　鳥飛鼓翼喜樂堯德虞夏美功要荒賓服

蒙　牙孽生齒室堂啓戶幽人利貞鼓翼起舞

需　使伯東求拒不肯行與叔爭訟更相毀傷

訟　手足易處頭尾顛倒公為雌嫗亂其蠶織

師　匠鄉操斧豫章危殆袍衣脫剝祿命訖巳

比　天女踞床不成文章南箕无舌飯多砂糠虛象盜名雌雄

折頸　大畜之益

小畜　大椎破轂長舌亂國牆茨之言三世不安

履　街命辱使不堪厥事中墜落去更為貢載

泰　三虵共室同類相得甘露時降生我百穀

否　衣繡夜遊與君相逢除忠解惑使我不憂

同人　被髮獸心難與為隣來如風雲去如絕紈為狼所殘　家人之損中孚

謙　牛耳聾瞶不曉齊味委以鼎俎治亂憒憒　坎漸之雜

大有　剛柔相呼二姓為家霜降既同惠我以仁

豫　低頭竊視有所畏避行作不利酒酢魚餒眾莫貪嗜　解鼎之

隨　兩師娶婦黃嚴李子成禮既婚相呼南上脊我下土年歲

大有　井之坤恒之晉豐之比豐之大過
·

蠱　戴盆望天不見星辰顧小失大遁逃牆外　賁之蒙巽之漸益之中孚

臨　二人輦車徙去其家井沸金鳴不可以居

觀　攘臂反肘怒不可二佷炭腹心无以爲市

噬嗑　湯世之憂轉解喜來

賁　忠信輔成王政不傾公劉肇舉文武綏之

剝　登高斬木頓躓陷險車傾馬疲伯叔吁嗟

復　桑方隕落黃敗其葉失勢傾側如无所立

无妄　鸞鳳翱翔集于喜國念我伯姊與母相得

大畜　陰淫所居盈溢過度傷害禾稼

頤　霄冥高山道險峻難王孫罷極困於阪間

大過　和璧隋珠為火所燒冥昧失明奪精无光棄於道傍

坎　虞君好神惠我老親恭承宗廟雖慍不去復我內事

離　爪牙之夫悆毒祈父轉憂與己傷不及母　謙之歸妹

咸　倉盈庾億宜稼黍稷年歲有息

　　大畜

　　殷昌之升

恒　窓牖戶房通利光明賢智輔聖仁德大行家給人足海內

遯　切切之患凶重憂荐為虎所吞

大壯　水无魚池陸為海涯君子失居小人相携

晉　九疑鬱林沮濕不中鸞鳳所惡君子攸去　无妄之巽

明夷　六翩況飛走歸不及脫歸王室亡其駓特

家人　不直莊公與我爭訟媒伯无禮自令塞壅

睽　舍庚多億宋公危殆吳子巢門殞命失所

蹇　失羊捕牛无損无憂

解　夏麥齹麵霜擊其芒疾君敗國使我誅傷　泰之

損　昧昧暗暗不知白黑風雨亂擾光明伏匿幽王失國　貞

益　執斧破薪使媒求婦和合二姓親迎斯須色比毛嬙姑翁

悦喜

夬　六疾生狂癡走妄行比入患門與禍爲隣

姤　驅羊就羣很不肯前慶季愯諫子之被患

萃　二人異路東趍西步十里之外不相知處

升　義不勝情以欲自營覩利危躬折角摧頸

困　騷騷擾擾不安其類疾在頸項凶危爲憂

井　三河俱合水怒湧躍壞我王屋民困於食

革　陽曜旱疾傷病稼穡農人无食

鼎　流浮出食載券入屋釋鞍繫馬西南廡下

震　門户之居可以止舍進仕不始安樂相保

艮　過時不歸雌雄苦悲徘徊外國與母分離　咸之遯豫之大壯

漸　中田有盧疆埸有瓜獻進皇祖曾孫壽考

歸妹　失恃无友嘉福出走儌如喪狗

豐　反鼻岐頭三寡獨居

旅　衣裳顛倒爲王來呼成就東周封受大福

巽　飛不遠去還歸故處興事多悔

兌　含血走禽不曉五音飽巳鼓瑟不悅於心

渙　求玉獲石非心所欲祝願不得

節　山崩谷絕大福盡歇涇渭失紀玉石既巳

中孚　雜目懼怒不安其居散渙府藏无有利得

觀　結衿流粥遭謗桎梏周召述職身受大福

噬嗑　田鼠野雞意常欲逃拘制籠檻不得動搖　夬之謙需之隨

賁　居華巔觀浮雲風不搖雨不濡心平安无咎憂

剝　傾倚將顛不能得存英雄作業家困无年

復　心願所喜今乃逢時保我利福不離兵革　兌之塞

无妄　靈龜陸處盤桓失所阿衡退耕夏封於國

大畜　弱水之右有西王母生不知老與天相保不利行旅

頤　抱瑰求金日暮坐吟終月卒歲竟无成功

大過　言笑未畢憂來暴卒身加檻檻因繫縛束

坎　望幸不到文章未成王子逐兔犬蹄不得　未濟之兌渙

離　震慄恐懼多所畏惡行道留難不可以步

咸　雄狐綏綏登山崔嵬昭告顯功大福允興

恒　火起吾後喜炙倉廩龍衛水深溪注屋柱錐憂无咎

遯　危坐至暮請求不得脣澤不降政戾民忒
剝之頤　需之坎

大壯　孟春和氣鷹隼搏鷙為衆雀憂憤

晉　緩法長奸不肯理冤浮沉失節君受其患

明夷　魚鱉貪餌死於網釣受危國寵為身殃咎

家人　金精輝怒帶鈉過午徘徊高庫宿於山谷兩虎相拒弓矢

睽　四目相望稍近同光並坐鼓簧
澗野　震之豫

蹇　茹芝餌黃飲酒玉英與神流通長无憂凶

解　求璋嘉鄉惡虵不行道出岐口還復其床

損　天門地戶幽冥不覩不知所在

益　跌足息肩有所忌難金城鐵郭以銅為關藩屏自衛安止

无患

夬　三雁俱飛欲歸稻池先涉難澤為矢所射傷我膺臆

姤　濟流難渡濡我衣袴五子善權脫无他故

萃　飲酒醉酗跳起爭鬭佰傷叔僵東家治喪〔比之鼎　大畜之晉　益之蒙〕

升　跌躓未起後失利市蒙被咎殃

困　辰次降婁建星中堅子无遠行外顛寶陷遂命訖終

井　商風召寇來呼外盜間諜內應與我爭鬭殫巳寶藏主人

　　不勝

革　甘露醴泉太平機關仁德感應歲樂民安

鼎　祭仲子突要門逐忽禍起子商弟伐其兄鄭久不昌

震　反孽難步留不反舍露宿澤陂士其襦袴

艮　狼虎結謀相聚為保伺候牛羊病我商人

宋本焦氏易林（吳門黃氏士禮居十六卷本）

漸　明德克敏重華貢舉放勳徵用八哲蒙佑

歸妹　貪墅守門日破我盆毀罣傷瓶空虛无子　損之
　　　　　　　　　　　　　　　　　　　　剥

豐　天命赤鳥與兵徵期征伐无道箕子遊遨

旅　威約拘囚為人所誣皋陶平理剖械出牢脫歸家間

巽　羊驚虎狼螫耳羣聚无益威彊為齒所傷

兌　初雛號啼後必慶笑光明照耀百喜如意

渙　馬服長股宜行善市蒙祐諧耦獲金五倍

節　應門內崩誅賢殺暴上下咸悖景公失位長歸無恒望妻

不來

中孚　執斧破薪使媒求婦好合二姓親御斯湏色比毛嬙姑悅
　　　公喜
　　　　小過之益

小過　兩輪日轉南上大阪四馬共轅无有險難與禹笑言
　　　　　　　　　　　　　　　　　　　　　賁之
　　　　　　　　　　　　　　　　　　　　　需

易學經典文庫

404

未濟　忠慢未冒單酒糗脯數至神前欲求所顧反得大患

乾　旦生夕死名曰嬰鬼不可得視　坤之大過震之

坤　大步上車南到喜家送我狐裘與福喜來　節之觀大過之泰

屯　西多小星三五在東早夜晨行勞苦无功　大過之夬

蒙　比陸藏氷君子心悲困於粒食鬼驚我門

需　山水暴怒壞折梁柱稽難行旅留連愁苦

訟　比目四翼來安吾國福喜上堂與我同牀　損之隨同人

師　狡兔趯趯良犬逐咋雄雌爰爰為鷹所獲

比　增祿益福喜來入室解除憂惑

小畜　騎龍乘風上見神公彭祖受剌王喬贊通巫咸就位拜福

无窮　家人之剥

履　天火卒起燒我旁里延及吾家空盡己財

泰　金帛共寶宜與我市嫁娶有息利得過倍

否　鬼魅之居凶不可舍

同人　鳥飛兔走各有畏惡鵰鷹為賊亂我室舍

大有　初雖驚惶後乃无傷受其福慶

謙　兩金相擊勇氣均敵日月闘戰不破不缺

豫　曳綸河海掛釣魴鯉王孫利德以享仲友

隨　犬畏狼虎依人有輔三夫執戟伏不敢起身安无咎

蠱　蜘蛛作網以伺行旅青蠅嗫聚以求膏腴觸戎羅絆為網

所得

臨　所望在外鼎金方來試爵滌罍炊食待之不為季憂

觀

日月並居常增匪明高山崩顛亡陵為谿　蹇之

噬嗑

春服既成載華復生莖葉盛茂實見穗泥泥　咸

賁

華首山頭仙道所由利以居止長亡咎憂

剝

三狐羣哭自悲孤獨野无所遊死於丘室

復

火中暑退禾黍其食商人不至市空无有

无妄

獨立山顛求鹿耕田草木不闢秋飢无年

大畜

火雉熾在吾後寇雉近在吾右身安吉不危殆　歸妹

頤

蠾蠾謚謚貧鬼相責无有懽怡一日九結　晉之豐之

大過

追亡逐北呼還幼叔至山而得反嶠其室　需之渙

坎

銜命辱使不堪厭事遂墮落去更為斯吏

離

被珠銜玉沐浴仁德應聘唐國四門穆穆蟲賊不作凶惡

伏匿

咸　機關不便不能出言精成通道爲人所寬

恒　甕破盆缺南行亡失

遯　唇亡齒寒積日凌根朽不可用爲身災患

大壯　蒙惑憧憧不知西東尯罜指南告我室中利以宜止去國

晉　憂患
黍稷
鳥鷗搏翼以避陰賊盜伺二女賴厥生福旱炎爲疾君无

明夷　名成德就項領不試景公耄老尼父逝去

家人　言與心詭西行東坐鯀湮洪水俀賊爲禍

睽　獫狁匪度治兵焦穫伐鎬及方與周爭彊元戎其駕衰及

夷王以安我王　末句一作夷王

蹇　三火起明雨滅其光高位疾顛驕恣誅傷

易學經典文庫

解 承川決水為吾之祟使我心憒毋樹麻枲居止凶咎

損 厭浥晨夜道多湛露沾我襦袴重難以步 大過之恒

益 宜行賈市所求必倍載喜抱子與利為友 巽之損

夬 陰變為陽女化為男治道得通君臣相承 渙之旅 豐之 節屯之 離

姤 樹蔽牡荊生藜山旁仇敵背憎孰肯相迎 大過之

萃 坐茵乘軒據德宰臣虞叔受命六合和親

升 雲興蔽日雨集草木年茂歲熟

困 蟠梅折枝與母別離絕不相知 旅之 大過

井 天旱水涸枯槁无澤困於沙石未有所獲

革 圭璧琮璜執禮見王百里寗戚應聘齊泰

鼎 龍渴求飲黑雲景從河伯捧體跪進酒漿流潦滂滂

震 電梅零帶心思憒憒亂我靈氣

艮　鹿求其子虎盧之里唐伯季耳貪不我許　渙之既濟

漸　穿匏把水箄鍒燃火勞疲力竭飢渴爲禍　隨之否

歸妹　龍生馬淵壽考且神飛騰上天舍宿軒轅常居樂安

豐　崔嵬北岳天神貴客溫仁正直主布恩德衣冠不已蒙受

旅　鬼夜哭泣齊失其國爲下所賊

大福

巽　二政多門君失其權三家專制禍起季孫

兑　望幸不到文章未就王子逐兎犬蹄不得　渙卦

渙　伯虎仲熊德義昭明使布五教陰陽順序

節　兩足四翼飛入家國竆我伯叔與母相得

中孚　春秋禱祀解禍除憂君无災咎

小過　牧羊稻園聞虎喧譁懼畏悚息終无禍患　剥之損卅之漸　否隨之漸

易學經典文庫

既濟大蛇巨魚相搏於郊君臣隔塞郭公出廬

焦氏易林卷第十六

易學經典文庫

本國語苦皰不材於人既濟之鼎禍起子商子當作于于於也

商宋也謂禍起於宋雍氏本左氏傳也此皆可得之於所出經

子史等者如訟之損更相擊劍劍當作詢明夷之臨不誤大畜

之家人作詢亦非以詢與下走爲協晉之漸神君之精當

作乏祀以祀與上起理爲恊革之豫沾我袴襦重難以涉袴襦

當倒涉當作步未濟之損不誤以袴步爲協兌之噬嗑茂樹斬

枝枝當作枚以枚與下飢爲協此皆可得之於韻者其類亦甚

夥難以悉數又如豫之豐云一說文山蹲鴟一說即一作也由

是以推凡一縣數句而上下語意不類蓋皆脫去一作字而誤

相連并耳此又一法也讀者苟於校宋本得之之外循是而各

各求之思過半矣子甚然其言附著於末以貽好學者若夫繁

文衆詞自我作古冀博善讀書之名而其意不在書乃顧君生

宋本焦氏易林（吳門黃氏士禮居十六卷本）

平深惡痛絕者予雖不敏亦未忍爲此態也己閏五月廿四日

丕烈又書

從兄蓋臣向假得瞿雲谷宋校本易林勘得刻本字

句碩異余借校此帙未及卒業而罷距今巳十有一

載而蓋臣遺世亦巳五年矣頃從友人借得雲谷校

本勘畢覆勘一過復多是正遂于此書無憾蓋宋本

出之□翁家藏絳雲一炬久為刼灰此書種子幸留

人間亦可寶也據雲谷云宋本本有全注未及舉錄

失之一時奪之千載能無奇書不傳之嘅丁未仲夏

九日燈下記常熟陸貽典

易學經典文庫

書名：宋本焦氏易林兩種（下）（吳門黃氏士禮居十六卷本）
系列：心一堂・易學經典文庫
原著：【漢】焦贛
主編・責任編輯：陳劍聰

出版：心一堂有限公司
通訊地址：香港九龍旺角彌敦道六一〇號荷李活商業中心十八樓〇五一〇六室
深港讀者服務中心：中國深圳市羅湖區立新路六號羅湖商業大廈負一層〇〇八室
電話號碼：(852) 67150840
網址：publish.sunyata.cc
淘宝店地址：https://shop210782774.taobao.com
微店地址：　https://weidian.com/s/1212826297
臉書：　　　https://www.facebook.com/sunyatabook
讀者論壇：　http://bbs.sunyata.cc

香港發行：香港聯合書刊物流有限公司
地址：香港新界大埔汀麗路36號中華商務印刷大廈3樓
電話號碼：(852) 2150-2100
傳真號碼：(852) 2407-3062
電郵：info@suplogistics.com.hk

台灣發行：秀威資訊科技股份有限公司
地址：台灣台北市內湖區瑞光路七十六巷六十五號一樓
電話號碼：+886-2-2796-3638
傳真號碼：+886-2-2796-1377
網絡書店：www.bodbooks.com.tw
心一堂台灣國家書店讀者服務中心：
地址：台灣台北市中山區松江路二〇九號1樓
電話號碼：+886-2-2518-0207
傳真號碼：+886-2-2518-0778
網址：http://www.govbooks.com.tw

中國大陸發行　零售：深圳心一堂文化傳播有限公司
深圳地址：深圳市羅湖區立新路六號羅湖商業大廈負一層008室
電話號碼：(86)0755-82224934

版次：二零一八年二月
裝訂：上下二冊不分售

心一堂微店二維碼　　心一堂淘寶店二維碼

定價：　港幣　　　三百八十八元正
　　　　新台幣　　一千四百八十八元正

國際書號 ISBN 978-988-8317-22-6